卷首语

经济学家的责任

史晋川

中国的改革开放已经走过了30年，中国的经济学家是改革开放大潮中的一群受益者。中国的经济学家至今头上还笼罩着社会的光环，但是我们仍然不能忘记作为经济学家身负的责任。

中国的经济学家仍然身负着多重责任，一是研究和发展经济科学，努力在经济学理论研究和经济学分析工具的创新中做出自己的贡献；二是运用经济学理论和经济学分析工具，努力在解决社会经济运行中的各种民生问题中做出自己的贡献；三是教授和普及经济学的知识，努力在提高国民素质及国民的经济知识素养和培养经济专业人才中做出自己的贡献。

《经济学家茶座》是经济学家承担起教授和普及经济学知识这一重要责任的一个大平台。当今的发展时代，一方面经济学在向科学化方向发展，经济学的研究愈来愈趋向运用数理逻辑来展开，学习和研究经济学的知识门槛越来越高；另一方面社会经济飞速发展，社会普罗大众对社会经济生活更加关心，人们有着越来越多的对经济知识的“派生需求”。顺应时代的发展，大众的需求，《经济学家茶座》在经济学家和社会普罗大众之间搭建了一个彼此交流互动的平台。

经济学家在登上《经济学家茶座》这一普通的大平台一显自己的身手时，仍然需要记住作为一名经济学家的责任。经济学是一门社会科学，在经济学家的文章中应该有科学的精神，在用浅显的文字和通俗的故事来讲述经济学的道理时，也要在心中牢记对科学与真理的追求，切忌把通俗变成庸俗，扭曲了科学的真谛。经济学也是一门经世济民的学问，在经济学家的文章中应该有对社会的关心和大众的关爱，经济学家在对话社会大众时在心中要坚守社会和大众的根本利益，切忌无原则地迎合不正确的大众思潮，为个人的名利损害社会进步的目标。

我只是经济学家队伍中普通的一员，我想告诉诸位同仁并与大家共勉的是，作为一名经济学家，当我们在从事经济学的科学研究时，应该记住自己的责任；当我们在影响社会经济政策时，也应该记住自己的责任；同样地，当我们在利用《经济学家茶座》这一交流互动的平台面对社会大众讲述经济故事和经济学的道理时，更应该记住自己的责任。因为我们是经济学家，是社会科学家队伍中的一员，我们对科学、对社会、对大众负担自己的责任。

经济学家茶座

（第36辑）

【经济学人】

【经济评论】

【经济史话】

【他山之石】

图书在版编目(CIP)数据
经济学家茶座．第36辑
金明善主编
济南:山东人民出版社,2008.8
ISBN 978-7-209-04545-2
Ⅰ.经…　Ⅱ.金…　Ⅲ.经济学-文集　Ⅳ. F0-53
中国版本图书馆CIP数据核字(2008)第129595号

山东人民出版社出版发行
济南市胜利大街39号
邮编 250001
http://www.sd-book.com.cn
编辑部电话:(0531)82098906
E-mail:chazuo4901@126.com
发行部电话:(0531)82098027
邮购电话:(0531)82098021
山东新华印刷厂临沂厂印刷
2008年8月第1版
2008年8月第1次印刷
172×232毫米　16开
10印张　160千字
邮发代号　24-180
定价:14.00元

聆听大师的教诲

——科斯教授午餐谈话侧记

史晋川*

2008年7月12日,我怀着激动的心情从上海乘坐美国联合航空AA288航班飞抵芝加哥,来到了曾经学习和生活过的芝加哥大学,参加由芝加哥大学法学院、商学院和科斯基金会共同发起的为期5天的“中国经济体制改革30年”国际会议(2008 Chicago Conference on China's Economic Transformation)。参加会议的代表都是由科斯教授和张五常教授共同商讨邀请,有大师级的经济学家诺思、福格尔、蒙代尔和德姆塞茨等,也有著名的海外华人学者许成钢、黄亚生、杨大利、肖耿等,国内应邀参加会议的经济学家有茅于轼、周其仁、盛洪、史正富、张维迎、张仁寿、马津龙、朱锡庆等,温州市前市长钱兴中先生和国内著名企业家王石、李勤、叶正猛、李跃胜等也应邀参加了会议。科斯教授端坐在轮椅上自始至终参加了5天的会议,并亲自致会议的开幕辞和闭幕辞。所有的与会代表都将这次研讨中国经济体制改革的国际会议亲切地称为“科斯会议”(Coase's Conference)。

7月18日上午会议休息期间,科斯教授的助手王宁博士通知茅于轼教授、许成钢教授和来自浙江的6位学者、政府官员和企业家,告诉大家说科斯教授邀请

---

* 作者系浙江大学经济学院教授。感谢Michael Best律师事务所温州籍的尤佳小姐流利准确的中英文翻译。由于作者的英语听说能力有限,现场的记录和事后的回忆定会存在挂一漏万和不准确之处,敬请参加会议代表批评指正。

各位代表共进工作午餐，同时德姆塞茨教授也将出席作陪。

工作午餐十二点整开始，刚开头时气氛有点拘谨。科斯教授首先和蔼地问在座的各位："作为来自中国经济转型第一线亲历者的客人们能够告诉我们一些你们所做的事吗？"坐在科斯教授身旁的温州市前市长钱兴中先生侧过身去，向科斯教授简单介绍了中国特别是温州的改革发展成就，并代表中国客人表示了对科斯教授的崇高敬意，恳切希望听到科斯教授对中国经济改革发展的宝贵意见。

科斯教授稍加思考后说："我是一个英国人，1910 年出生在英国。当时随着工业革命的发展，经济在繁荣，社会在进步，人们在享受着工业革命的巨大成果，生活是美好的。在一个美好的年代，没想到在 4 年后，在工业文明的发源地欧洲爆发了第一次世界大战，之后几十年，欧洲又陷入了第二次世界大战，希特勒的暴政和专制政权出现了，人类社会经历了一段不堪回首的年代。"科斯教授沉默了一会儿又说："我希望人类社会不会再重复这样的悲剧，人类社会的将来应该会更加美好。"

听着科斯教授的话，我不禁想起了一位曾经是我的学生的浙江企业家梁晓玮先生告诉我的话。2008 年 4 月，梁晓玮率浙江企业家代表团拜访科斯教授时，科斯教授说过一句语重心长的话："人类具有摧毁其自身努力成果的在内倾向。"而也就是在三天前，张五常教授则在主题为《中国的经济制度》("The Economic System of China")的会议演讲中说："有时我想，人类可能有一天会因为自己的选择而毁灭自己。(但)在个人争取利益极大化的假设下，人类自取灭亡的理论难以构想，虽然我尝试过好几次。"

众人还在细品着科斯教授所说的话时，浙江工商大学的张仁寿教授(第一部《温州模式研究》的作者)提出了希望科斯教授能到中国去看看中国改革开放的巨大成就的愿望。张教授说："我上个月接待了 87 岁高龄的鲍莫尔教授。科斯教授，如果您身体允许，希望您能到中国去破解中国经济发展的奇迹，而且您本身以 98 岁高龄飞到中国也会创造一个奇迹。"

科斯教授幽默地回答道："如果我真能乘那么长时间的飞机去(中国)，我想我本人真就创造了一个奇迹。"众人大笑之际，科斯教授接着又说："我年轻的时候，读过马可·波罗的游记，对中国的社会和文化有着许多美好的想像。可是，近代以来，中国的发展非常缓慢，中国在世界上落后了。我一直在想，中国怎么落后了呢？我想，中国的落后才是一个需要人们去解开的谜。"许成钢教授说："这让我们想起了李约瑟之谜，也是'科斯之谜'。"

这时，德姆塞茨教授插话说：“我出生在芝加哥的城市郊区，家庭境况并不好。但是，我很幸运，有幸拜科斯教授为师，跟随科斯教授研究学问。科斯教授对我的影响巨大，尽管我们有时也会有不同的观点，甚至会有争论，但是，即使我们存在意见分歧时，我都会意识到，我所持有的与科斯教授不同的观点，事实上也还是受到了他的影响。”

科斯教授接过德姆塞茨教授的话题说：“人们在社会中是相互影响的。人们看问题会有不同的角度，不同的观点，我也不例外，也受到别人的思想和观念的影响，有时也会修改自己的一些看法。人不能像在孤岛上一样把自己孤立起来。我想，中国曾经是处在孤岛上，这段时间太长了。人们需要交流和沟通。”

这时，我忍不住提了一个问题：“在美国的发展历史上，也曾有过一些问题，例如劳工问题突现、社会分化严重、社会矛盾激化，美国出台了一系列的法律，采取了许多政策，度过了艰难岁月。中国的经济转型，目前似乎也处于这样一个阶段。不知两位教授如何看待？美国的历史经验中有哪些值得中国经济转型借鉴的东西吗？”

德姆塞茨教授回答说：“美国的发展历史上出现过各种问题，可是美国没有发生革命。美国是民主制度，这种制度不能保证社会的发展方向永远正确，但是她具有自动纠正错误的机制。某一个时期中，即使是政府做了错事，你可以忍耐，等待四年，最多八年，可以通过选举实行政府换届，使社会走向另一个方向。”

由于科斯教授没有回答我的问题，略感失望的我又马上提了另一个问题：“想请教科斯教授，张五常教授在报告中认为中国的县级政府以土地供给为主要方式的区域地方政府竞争是中国经济发展的关键。但是，我认为，企业家对土地要素的需求是派生需求，县级政府的竞争是企业家之间竞争派生出来的竞争，是第二层次的竞争，将这种类型的竞争作为解释中国经济发展的关键，我认为可能并不恰当。您如何看待这一问题？”

科斯教授回答说：“我也正在考虑你所说的相同的问题，但是现在还没有想出答案。”紧接着，德姆塞茨教授也回应说：“这是一个很好的问题，我也正在考虑，我想在下午的讨论中，我可能会考虑来谈一下有关这个问题的看法。”

这时，科斯教授接过话题说：“我是英国人，之所以到美国来居住，是因为我认为在美国可以做我在英国不可能做的事情。我们大家都可以从不同的角度来观察问题。可是，我还是在某些方面不太喜欢美国人。美国人比较自信甚至自大，喜欢告诉别人怎样做是对。美国人喜欢炫耀自己，例如，我就不喜欢六楼挂在墙上的那些照片。”(指挂在芝大商学院 Gleacher Center 六楼走廊墙壁上 95 位在芝大毕业或在芝大工作的诺贝尔奖获得者的照片。)

还是求教心切的我又提出了一个问题:“想请教两位教授,美国大学中的竞争愈来愈厉害,有 Publish or Perish(发表或垃圾)之谓,这种竞争制度对中国的大学影响也愈来愈厉害,您两位是怎样看待这个问题的?”

德姆塞茨迅速接着说:“没有一种制度是十全十美的,制度都有不完善的地方。芝加哥大学不会在利用这种评价制度时,让烂杂志或差文章的人晋升职称。在芝加哥大学,出版垃圾是不行的。芝加哥大学在晋升职称时,会有发表及杂志方面的考虑,在晋升职称的委员会里,会有不同意见甚至争议,可是人们更看重知识产品的质而不是量,并不是以论文数量为唯一标准的。芝加哥大学是由洛克菲勒捐款建立的,原来考虑建在东部,可是有人认为东部比较保守,还是建在芝加哥比较好,思想比较开放,芝加哥大学的建校历史表明,它有一个比较好的强调自由竞争的传统。”

科斯教授接过这一话题缓缓地说:“关于大学制度,我可以谈谈伦敦经济学院(LSE)与芝加哥大学的比较。两个大学似乎有不同的传统,虽然两个学校建校的时间比较相近。”

LSE 是费边学社创建的,一群倾向于社会主义的知识分子创建的,但是,LSE 非常注重提倡宽容环境,宽容的学术研究环境。至于芝加哥大学,正如哈罗德所说,是洛克菲勒捐款创建的,一直是崇尚和重视竞争的。

“对于英国大学宽容的学术环境,其实我也并不是没有任何保留地喜欢。有时候在这种宽容的环境中,你会感到一种冷漠的感觉。例如,我在 30 年代写的那篇论文(指《企业的性质》),一直没人理会,等到论文发表了,还是没有什么人理会。等到有人理会你了,那种态度像是他们看到了一位 10 岁的小女孩捧出了一幅自己以为漂亮的习作,给小女孩稍微一点赏许。”

张仁寿教授就这一话题发表看法说:“我个人认为宽容与竞争不是对立的,能否很好地将两者结合起来?美国有哪所大学是把宽容和竞争很好结合起来的最佳样板?”

德姆塞茨教授认为:“美国大学的教授是可以流动到其他学校去任职的,流动即意味着竞争,竞争是一个很重要和很有用的机制。”这时,科斯教授突然插话对张仁寿教授说:“你说两者结合的‘最佳的大学’,好像有点计划经济的思想。”张仁寿教授则忙着辩解说:“这并非是我的本意。”我这时也打趣说:“仁寿兄,你的观念

中可能是有点计划经济思想！”

我正在打趣张仁寿教授时，温州大学的马津龙教授(曾任温州市体改委主任)向科斯教授提出了一个问题：“科斯教授，我想请教您这样一个问题：新教与英美经济体制的建立有着什么样的关系？”

科斯教授似乎一时没有听明白这个问题，许成钢教授当即作了进一步的阐释。科斯教授思考片刻后说：“这是一个很大的问题，太大了，超出了我思考能力的范围。”稍后，科斯教授转向许成钢教授，轻声问道：“英国的大学制度在我离开英国50年后不知现在怎么样？你不是在LSE工作吗？”

许成钢教授笑着回答说：“总体上英国的大学在向美国的大学靠拢，但应该到目前为止还没有完全美国化。”

正当大家边吃边聊、谈兴正浓时，王宁博士提醒说：“离下午一点半开始的会议只剩15分钟了，各位是否让科斯教授稍事休息，然后继续去开会？”众人闻言一怔，时间过得真快，纷纷起立向前祝科斯教授身体健康，同时合影留念。

第二天，7月19日下午，科斯教授亲临会议致闭幕辞，他说：“我年轻的时候读过马可·波罗的游记，知道了中国。中国是一个有着巨大潜力的国家，但这种潜力在很长时间内没有发掘出来。现在，中国正在显示出这种巨大的潜力。这次会议，我们邀请了来自中国经济转型第一线的亲历者，让他们来告诉我们中国正在发生的事情。他们所说的事情应该比那些没亲自经历过中国实践的人所说的具有更大的可信程度。”

在结束他的闭幕辞时，科斯教授满怀深情地说：“我是一个将要长眠(long sleep)的人。但是，每当我想到你们还在继续努力做着的事，我就会非常高兴。谢谢，谢谢大家！”

科斯教授的话音落下，会场安静片刻后，突然响起了热烈的掌声，全体与会代表起立用长时间的鼓掌向这位坐在轮椅上的慈祥智慧的老人致意，科斯教授透过他的眼镜平静地凝视着会场中的人们，许多人的眼中都饱含着泪水。

科斯的情怀
——爱上从未谋面的中国

李俊慧*

美国时间2008年7月14~18日的五天里,我有幸参加了科斯发起的"中国经济改革"的学术研讨会。这次会议有很多让我感到震撼的人和事,但其中之最要数科斯对中国这么一个他从未谋面的遥远的东方国度所表达出来的深沉、热烈的情怀。无论是在公开的文章、演讲,还是私下的聊天、闲谈,张五常教授以前都曾多次提到,美国经济学家大多对中国非常友善,但没有谁比科斯对中国如此关心。经过这次长达五日的会议,我总算是切身地体会到了这一点。

7月13日傍晚时分,我与友人飞抵芝加哥,后在入住的酒店附属的牛排屋吃晚饭。本来因为经过长达14小时的飞行而太累太饿,无法到外面另觅吃饭的场所,却因此而遇上意外之喜——科斯竟然就在我们旁边的桌子上与张五常教授的儿子等人一起吃饭。

科斯的助手王宁先发现我们,过来跟我们打招呼。友人问我是否应该借此机会与科斯交谈并合影。开始时我有点犹豫,因为经过长途飞行,风尘仆仆的,这个样子上前,似乎有点唐突。但转念想到,明天开会的时候肯定会有很多人想跟科斯在一起,那时机会就没现在这样好了。于是我就请原在香港理工大学、现在芝加哥大学访学并照顾科斯的蔡鸿达代为传达求见之意。不久,蔡鸿达走到我面前说,科斯愿意与我们交谈,还说他记得我写的文章,对我有印象。

我走上前去,与科斯说了几句表示仰慕的话后,就跟他谈起这次会议与张五常教授的事情。科斯说:"当年张五常撰写《中国会走向资本主义的道路吗?》的小

---

* 作者系复旦大学新政治经济学研究中心研究人员。

书，最后作出肯定的回答，我是同意他的预言的。”听到这里，我忍不住插口说：“是的，但其他所有人都并不同意——只有您是例外的。”科斯微笑着接口道：“但我当时想的是，这预言实现将是在100年之后！”我不由得大笑起来。从这脱口而出的幽默可见，这位98岁高龄的老人仍是保持着他的睿智与机敏。次日科斯在会议开始时致的开幕辞中也说到了这一句妙语。

科斯继续说：“无论从规模还是速度上来说，中国的经济发展都是个奇迹，我对此有很多不明白的地方。这也就是为什么我想召开这个会议的原因。”我回答说：“中国经济在今天取得的成就，全赖对您的理论的应用。您曾在诺贝尔奖的获奖演讲中说，在80岁的时候因20岁时的工作而获奖是一件神奇的事情。我想，现在有一件更为神奇的事，那就是您能活着见到自己的理论应用于现实——那就是中国改革——并得到证实。”科斯微笑。

本想跟科斯再多聊聊，而他也显得兴致正高，但蔡鸿达担心科斯的身体，催着我们不要再多谈话，拍了照就送科斯离开。

第二天星期一是会议正式开始的第一天。此次会议齐集了四位诺贝尔经济学奖得主：科斯，做评论人的Fogel（福格尔，1993年诺贝尔经济学奖得主），Mundell（蒙代尔，1999年的诺贝尔经济学奖得主），主持Panel的诺斯（North，也是1993年诺贝尔经济学奖得主）。若非Mundell没能赶上星期一的开幕、在星期二才到达，Fogel又只参加了星期一的会议，本来有可能出现同一时间在会场内有四位诺贝尔经济学奖得主的盛况。能目睹如此罕见的大师云集的场面，全赖科斯在学术界的江湖地位所具有的号召力。

科斯率先致开幕词，开始的内容大致上跟昨晚交谈时说到的差不多。然后科斯谈到对这次会议的期待，希望能多听到争论，而不是一致同意，因为没有争论的问题就会变成“死问题”。后来在私下聊天时，朱锡庆教授说科斯的开幕词对他触动最深的就是这一句，因为它展现了科斯是一位如何真正孜孜以求事实真相与知识学问的学者。

科斯的开幕词之后就是张五常教授为大会特别录制的DVD，内容是他朗读提交给大会的《中国的经济制度》的全文，之前有100秒的片头，朗读期间不断地插播着与内容相关的图片与视频片段。来芝加哥之前，张教授就不断地提起那100秒的片头，说科斯很喜欢它的震撼性，对具体内容自然是大卖关子不肯说。此时我当然是睁大了眼睛看，竖起了耳朵听。只见一开始的时候是一幅幅黑白图片，展现着旧中国时期的人们劳苦工作的情景，没有配任何音乐，只是一片的静默。突然之间，激昂的音乐喷薄飞扬，字幕显示是年仅10岁的钢琴神童牛牛负责的演奏。图片也随之切换成彩图，展现着的是现代中国绚丽夺目的景象：摩天大楼拔地而起，玻璃外墙在阳光下熠熠生辉，高速公路蜿蜒四射，集装箱码头繁忙而有序……强烈的对比，强烈的反差，让在场众人屏息凝气，在短短的100秒里感受到30年来中国改革为这片土地上的人们所带来的是何等翻天覆地的改进。

接着是张五常教授朗读《中国的经济制度》的全文。虽然他已经读得非常快，但还是花了两个多小时，以致中途不得不插入一个 Coffee Break 让大家休息一下，以便舒缓舒缓一直绷得紧紧的神经，因为所有人都那么聚精会神地盯着屏幕看，眼睛也难得眨上一下。DVD 制作得非常好，虽然此前张教授跟我抱怨过，说录制 DVD 时把麦克风放在桌下，拾音效果不理想，使得 DVD 里他的声音不够响亮清脆。但播放时我完全不觉得声音太小或听不清楚，显然播放时把声音调大了之后，除了有一点点电流噪音的小瑕疵之外，拾音的问题其实不算问题。插播其间的图片，有些是我帮忙在网上找来的，包括一些城镇或建筑物的面貌（如乐从的家具城、义乌的小商品城、绍兴的市容、杭州湾大桥的壮丽外观等）、人物及其著作的图片（如孙冶方的画像及其著作、马歇尔的头像及其著作、赫舒拉发的《The dark side of the force》等）。

DVD 播放完后，先是由 Fogel 进行评论。Fogel 的评论主要是表述他自己对于中国经济奇迹的解释，大致上是传统的经济增长理论的见解，如 FDI 的作用、人力资本的提升、国内外政治环境的和平稳定等等。接着是 Demsetz（德姆塞茨）进行评论。在后来几天的会议里，我逐渐认识到他在学术辩论上是个"好战分子"，果然这时他一开口就连珠炮地提出各种异议，于是引发其他人的回应纷至沓来，他又再一一反击。一时之间会场之内人声鼎沸，你来我往，唇枪舌剑，短兵相接，好不热闹。

后来第二天张五常教授打通我的电话的时候，说科斯那天一大早七点半就起来，在会场里撑了整整一天，晚上十一点半才回到住处，仍然兴奋地跟他通电话，告诉他这会议有多成功，大家的争论有多激烈。联系起科斯在开幕词中的说法，我理解这位穷其一生都在追求真知的老人的兴奋与快乐的源头：中国问题是活生生的问题，不是死问题。

此后的四天里，科斯以98岁的高龄，竟然天天坚持着坐在会场听讲，除了第二天上午，大概是第一天的兴奋与激动实在太消耗这老人的体力了，他不得不休息上半天。当天我有机会做文章的 presentation，根据会议的安排，科斯每天都会与当天有机会演讲的人共进午餐。那天中午我们等在餐室的外面好一会儿,都没见到科斯,本以为经过昨天的劳累,他不会再来了,虽感遗憾,还是只好径自进去用餐。谁知吃到中途,却见科斯坐在轮椅上,缓缓而进。一时之间,我们既是感动,又是激动,赶紧调整座位,靠近科斯而坐。一位中文也能讲得很流利的美国教授向科斯表示,他在大学里主讲中国经济,常对学生们说,要理解中国改革,只需熟读几位诺奖得主的作品,其中最至关重要的,就是科斯的文章。然后他问起科斯是怎么写出《社会成本问题》一文的,科斯缓慢而优雅地追述着往事,我从旁细听,发觉内容大致与张五常教授多次写过的科斯与芝大诸君子如何在 Director(戴维德,弗里德曼的郎舅,时任《法律经济学期刊》的主编)家里辩论并获胜的故事是一样的。其后又谈及他与诺斯的比较。科斯说,他的一生都是意料之外的,他从来没有期望过得到这一切,这一切却不期而至。相比之下,诺斯却是另一个极端,他对自己的一生预期得一丝不差,完全就是按着他的计划来展开人生的。这确实是很有趣的对比:完全掌控着自己的人生路向,还是一路上惊喜或意外不断的人生,哪一种更值得向往呢?

接下来的三天,科斯都大概在上午 10 点左右就到达会场,但他绝大部分时间里只是默默地倾听发言,观看争辩,只是偶尔才在请求下说上几句。有一次,会场里争论起中国的未来将发展成什么的样子,朱锡庆教授发言说,他不知道中国未来是怎样,他只能谈一下自己的希望。他希望中国能有独立的大学,有独立的传媒,有三权分立,但他不希望像美国那样一人一票选举总统。哪怕是用抽签的方法,也好过一人一票选总统。一直表现为“民主斗士”形象的 Demsetz 马上出言反驳,为美国的总统选举制度辩护,最后请求科斯为此争论发表一下意见。这时科斯才说,他在这个问题上是中立的,但他认为像美国现在那样,为了选出一个总统而提前两年就开始选战,这肯定不是正常的。

到了最后一天星期五,下午的会程结束后,大家有 30 分钟的 Coffee Break 休息,众人随意地走动、交谈、吃些小点心。科斯却仍然端坐在会场之内,慢慢地在纸上写着什么,大概是在准备接下来的闭幕词。这老人的认真执著,实在令人动容。不久,致闭幕词的时间到了,但科斯不肯坐到主席的位置上去,仍是坐在会场左侧的第一排上,以他一贯的缓慢节奏开始了闭幕词。

如果说开幕词里科斯表达的是对这次会议的期待,那闭幕词里陈述的正是他对中国这个从未谋面的国度的奇异“爱情”:年轻的时候只因看到马可·波罗的游记,从此就对中国梦萦魂牵。中国在近代突然衰落,在近 30 年又再突然崛起,这戏剧性的起起落落都让他迷惑不解却又更加深了他对中国的兴趣。在他看来，中国对世界的意义重大。为中国而奋斗，就是为世界而奋斗。（原句是“The struggle for China is the struggle for the world”，尽管已经在科斯为张五常教授的英语论文集写的序言中看到过这一句，但亲耳听到科斯一字一顿、语重心长地说出这一句，我仍是忍不住热血沸腾。）在他出生的1910年，一切都显得那么美好，可是突然之间，愚蠢的战争相继爆发，无数生灵涂炭。这让他认识到美好的东西是那么容易破碎。希望中国也能珍惜眼前来之不易的美好，不要重蹈欧洲人当年的覆辙。学者们应该多多聆听从事实际工作的人们的话。末了，这位98岁高龄的老人以一句：“我将长眠，祝福中国”结束了闭幕词，结束了他对中国这一份奇异“爱情”的漫长历程的简短总结。会场全体人员不约而同地都站了起来，掌声如潮达数分钟之久，向科斯致敬，向这份“爱情”致敬。摄像机的镜头前，科斯的眼睛里泪光闪闪……

当我事后一次又一次地向不同的人追述这一幕的时候，总能再次回到那一刻，总是一再地热泪盈眶。哪怕是在最浪漫的爱情故事里，一个人对另一个从未谋面的人也难以有如此炽热无尽的爱，更何况是对一个抽象的国家？后来聊天的时候，朱锡庆教授说，如果科斯能来中国，哪怕只是亲自看一眼他深爱了这一辈子的这个国家，中国应该给予他最高规格的礼遇，也不过只是回报了这老人这份痴情的万分之一而已。

或者，对科斯这份奇异“爱情”的最好回报，就是中国的经济奇迹一定要延续下去，不要愧于这位年近百旬的老人为她奉献了差不多一个世纪的情怀！

我观杨瑞龙教授讲经济学

董全瑞*

我是个“半瓶水”,至今没有一张像样的文凭,为此遭受过一些人的歧视。这个经历使我下定决心一辈子做个学生,向书本、向老师学习。不过,学得多了觉得书本也未必对,在当今出版业日益繁荣的时代,好书还真难求;听得多了觉得教授讲的也未必新鲜,在当今因特网日益普及的时代,好教授更加稀缺。每当我看见一些教授开课时,一些学生不是鱼贯而入,而是听了一段时间后鱼贯而出,我就想,是这些学生太功利了,还是这些教授太不功利了?其实,这种“不是……就是……”的思维方式也不对头。美国经济学家奥肯的一席话可能更有经济学解释力:一个人的边际产品价值不仅仅取决于他的技术和努力,由于别人行为的变化,即使他生产的产品并不比过去好也不比过去差。比如,如果出现更多愿意发表演讲的经济学家;或者,听众对经济学家的演讲失去了兴趣,这对经济学家来说是坏消息,但此时经济学家的生产率真的降低了吗?(奥肯:《平等与效率》,王奔洲等译,华夏出版社 1999 年版,第 44 页)的确,此时这个经济学家的生产率并没有降低,也并不能表明这个经济学家的努力和贡献小了,而是相对价格发生了变化以致供求的均衡点很低。但这个经济学家没有去适应需求的变化而适时调整演讲的内容也是失去听众的原因。而中国人民大学经济学院杨瑞龙教授讲经济学吸引了众多的人去听,使我深感讲好课是一件不容易的学问。

捕捉案例的高手

对经济现象进行解释是经济学的一个重要功能,但前提是要弄清楚这些现象及其背后的真实动机。现在大学讲课关键是案例太少,有些并不经典的案例重复使用,给人的印象就是炒旧饭;有些案例张冠李戴往往表明演讲者也没有处理好观点与材料相统一的问题。这是造成讲课不吸引人,失去听众的重要原因。杨瑞龙教授讲课也用案例,他的案例不是从书本中抄来的,也不是听别人转述来的,而是自己调研得来的,具有“专有性”。

他用官员与企业家喝酒时的不同行为来区分发达与落后地区给人留下了深刻印象。如果官员坐在面南背北的位置上,企业家先敬酒,官员说身体不舒服让秘

---

* 作者系河北省委党校副编审。

书代劳，或者官员喝一杯企业家喝多杯，这一场面表明这个地区还处在不发达状态。如果企业家先端起酒杯，向官员致感谢之意，然后干三杯，官员也恭恭敬敬地干三杯，这是介于发达与不发达地区之间的一种表现。如果官员先干三杯，然后说，谢谢你们为当地经济做出的贡献，希望你们留下来，有什么问题我们给予解决，这是发达地区的表现。为什么会出现这种现象呢？杨瑞龙教授的解释是，在经济转型期，资源配置是由等级规则向产权规则转变的过程，那些官员占主导地位的地方往往是资源配置还处在等级规则之下，而官员和企业家平起平坐喝酒的地方表明资源配置中的产权规则已经起作用。

他的这一形象刻画倒使我想起了十多年前看到的一个真实故事。说的是某市委宣传部副部长一行到下辖的县里检查工作，县委宣传部领导陪市委宣传部领导喝酒，上级领导不肯喝，为了能进行下去，县委宣传部领导想了一个劝酒的招：让市委宣传部领导喝三杯，县委宣传部领导喝六杯，一般干部喝九杯。这一招果然见效，按照这样的三六九等级，大家轮番进行。幸亏这个喝九杯的干部是个“酒漏子”，才没有酿成大祸。事情过后，只是哑然一笑，我怎么没有把它同“落后地区”联系起来呢？而这个故事恰恰就发生在落后地区。

在既定的分析框架下推出新思想

杨瑞龙教授为了研究地方政府自发制度创新的动机和效果曾多次深入基层搞调研、抓案例。他通过大量的案例发现，地方官员不遗余力地上项目，搞开发区，发展当地经济的原因在于官员和政治升迁之间嵌入 GDP，也就是说，只有把 GDP 搞上去才能出政绩，而出了政绩才可以高升。为了验证这一结论，他举了江苏一个有趣案例。这是一个县级市的官员，到地区去开会，座次是按经济发展水平排定的，经济发展水平高的县市官员坐前排，经济发展水平在其次的坐中间，经济水平差的只能坐最后排。为了“坐到前排”，这个县级市的官员们在发展当地经济上想了许多办法，做了许多工作，结果这个县级市经济发展水平居全国百强县之首。

他在研究中发现地方政府官员在改革中起着特殊的作用。一方面，他们具有强烈的利用行政代理来实现本地利益最大化的倾向；另一方面，为增强在市场中竞争稀缺资源的能力，他们也会积极推进市场化进程。这样，在改革中地方政府官员就扮演着“政治企业家”的角色，即他们要利用政治来实现经济功能。同时，为了实现本地经济发展，就必须吸引外部资源流入，这就必然会诱致地方政府推进产权制度改革和对产权进行有效保护，从而在约束政府干预经济范围的同时，逐渐使

企业成为市场竞争的主体与制度创新的主体。这意味着,我国向市场经济转型的现实路径是,由改革之初的供给主导型制度变迁方式逐步向中间扩散型制度变迁转变,并随着排他性产权的逐步确立,最终完成向社会主义市场经济体制的过渡。这样,杨教授从案例中发现了中国制度变迁的路径,给人的结论也是可靠和可信的。

他把故事演绎成案例并没有就此止步,而是把它纳入一个经过严格选择的经济学分析框架内,使之能够解释和发展经济学理论,在不知不觉中把学生引入经济学殿堂。他启发学生说,生长在中国特别幸运,改革开放实践为经济学研究提供了大量鲜活的样本,用标准的经济学理论是无法解释和解决的,这就为拓展理论或者创新理论提供了机遇;而其先决条件就是要了解实际。他认为,真正鲜活的素材不是通过问卷或者开座谈会这些方式能够得到的,而是必须和当事人交朋友,在喝茶聊天的不经意间得到的。他为了理清国有企业改革的思路多次深入企业进行调研,当他觉得做了这些事还犹如隔靴搔痒之感时,他又兼职做了几家企业的独立董事,才得以对企业这个“黑箱”有了更多更清晰的认识。即使这样,他认为自己对企业信息的了解最多也就是50%。

科研成果进课堂

试图形成教学与科研相互促进的局面是各类高校都在做的事情,但教学与科研的结合程度因人而异,有的人一辈子述而不作,有的人能够把二者结合起来达到相得益彰之功效。杨瑞龙教授能够把自己的科研成果引入课堂,使灰色的理论具有了极强的吸引力。听他讲经济学理论海阔天空式的少,不是讲别人怎么说,而是讲自己对相关问题的看法,给人一种身临其境的感觉。他对30年的改革历程烂熟于心,讲课也带着很大的激情。我看到,在两个半小时的讲课中,除中间休息10分钟外都是站着讲,讲到动情处在讲台上走动;累了就倚在讲台上讲,虽然旁边备了椅子,但我从未见过他坐着讲的时候。我也见一些教师很年轻,但始终是坐着讲。

他从1985年开始发表文章,1987年在《经济研究》发表论文,1988年有两篇文章在《经济研究》发表,四次获得中国经济学最高奖——孙冶方经济学奖。他的文章被引率名列前茅。这些业绩使他讲课时游刃有余,学生们听他讲课在接受知识的同时也学到了一些搞科研的方法。他用自己的科研经历引导学生:搞研究一定要多读文献,梳理问题;发表文章一定要想明白了再说,要经得起时间的检验,不能随风倒。

一个共识是,无论在什么类型的学校里,讲课好的教师都是稀缺资源。他们的经验并不能“一般化”加以推广,人们只能学习他们的“精神”,而不能学习他们的“技巧”。

经济学里的“学术英雄”

皮建才 *

中国有句俗话说:“三百六十行,行行出状元。”这句话说明各行各业都有自己的英雄人物,比如国内体育界有世界级明星刘翔,娱乐圈有天王级明星刘德华。中国还有一句俗话说,“男人最怕入错行。”这句话说明要是一个男儿入错了行,他失去了成为“状元”的机会,他就很难实现自己的最佳人生价值,所以生活中有“树挪死、人挪活”的说法。就经济学这一行来说,也存在一个所谓“状元”——本文称为“学术英雄”的问题。比如,世界银行经济学家邹恒甫教授就经常说,某某某是国际三流经济学家,某某某是国际五流经济学家,某某某是国际九流经济学家,某某某是国际不入流的经济学家。邹恒甫教授的这个分类就像丁学良教授的“中国合格的经济学家最多不超过五个”的说法一样,显然存在问题,因为不同时代的国内标准和国际标准可能并不一致,我们不能拿事后标准“强奸”事前标准,就像我们不能因为事后从大中国的角度来看南宋的岳飞进行的是“内战”而否定岳飞是当时和后来的中华民族的“民族英雄”。抛开这当中存在的争论不谈,我们可以看到,在邹恒甫教授的眼里,经济学里的“学术英雄”是存在一个客观标准的,这个客观标准就是国际发表记录,正所谓“行有行规”。

什么样的经济学者才能算是经济学里的真正的“学术英雄”呢?真正的“学术英雄”当然不能只看国际论文发表记录,还要看学术思想的影响力(比如论文被引用率)。国际论文发表记录相对而言是硬指标,学术思想影响力相对而言是软指标。“硬”表现在发表了就是发表了,发表在了哪个级别的期刊就是发表在了哪个级别的期刊,这可不是吹出来的。“软”表现在引用率高的论文所包含的思想未必是大思想(比如错误的论文可能会经常被作为反面材料进行引用),引用率低的论文所包含的思想未必不是大思想(比如诺贝尔经济学奖得主科斯抱怨他的论文《企业的经济性质》在发表后很多年里的反应犹如石沉大海)。“学术英雄”的识别并不是那么简单的事情,这从一些名不见经传的人出人意料地获得了诺贝尔奖就

* 作者系南京大学经济学院教师,经济学博士。

可以看出来。

前段时间徐滇庆教授在北京大学中国经济研究中心发展组报告了一篇关于中印比较“龙象之争”的论文，在报告之前他就问到了如何才能让中心新生代的老师和学生成为经济学里的“学术英雄”。其实，早前的时候张五常教授曾经撰文说，经济学里的“学术英雄”无觅矣，悲怆之情跃然纸上。大家心里都有个英雄情结，这是可以理解的，我们毕竟需要一个学习和崇拜的榜样，因为榜样的力量是无穷的。其实，徐滇庆教授和张五常教授的意思是以前经济学里是很容易产生“学术英雄”的，但现在却很难产生了。为什么很难产生“学术英雄”了呢？难道是因为进入经济学学术圈的人质量一代不如一代了吗？当然不是这样。到底是什么原因呢？答案或许在于国际上经济学论文发表体制的变迁。

翻阅上世纪60年代的国际重要经济学期刊，没有模型的论文比比皆是。翻阅今天的国际重要经济学期刊，没有模型的论文寥若晨星。国际论文发表体制已经发生了默无声息的深刻变迁，这种变迁自然会对“学术英雄”的产生造成难以估量的影响。新的国际论文发表体制需要论文写作者既要有好的思想，又要有能力把好的思想模型化，二者缺一不可。[①]有的人可能会有好的思想，有的人可能会有好的模型技巧，合作写论文就成为内在的需求，这就好比一个有钱的人和一个有管理能力的人合作开办了一家可以赚钱的企业。这样一来，合伙写作的经济学论文越来越多，单人写作的经济学论文越来越少。我们先以世界顶级经济学期刊《美国经济评论》(American Economic Review)2007年最后一期(第97卷第5期)为例，除去短论文(short papers)之外共发表了17篇常规论文，其中合作写作的论文有14篇(约占82%)，单人写作的论文只有3篇(约占18%)。我们再以稳居世界重要经济学期刊前五的《政治经济学期刊》(Journal of Political Economy)和《经济学季刊》(Quarterly Journal of Economics)2007年最后一期(前者为第115卷第6期，后者为第122卷第4期)为例，合起来总共发表了16篇论文，其中合作写作的论文有13篇(约占81%)，单人写作的论文只有3篇(约占19%)。在合作论文成为大势所趋的情况下，大家能够记住的作者名字往往是排在前面的第一作者，第二作者乃至第三作者就有可能沦为“无名英雄”，所谓“眼球经济”是也。在按照姓氏的音序排名作者顺序(这实际上已经成为目前国际经济学界的惯例)的情况下，那些姓氏打头字母靠前的作者往往会成为“学术英雄”，聂辉华博士早就在一篇文章中说明了

① 正是这种思想与数学的“匹配”要求导致了合作写作的对冲型制度的产生。

这样的道理。[①]以名满经济学江湖的 Acemoglu 为例，因为他几乎总是第一作者并且发表论文就像在 BBS 上“灌水”一样容易，所以他的名字很容易被我们记住，而他的合作者诸如 Johnson、Robinson、Verdier 和 Zilibotti 等人却很难被我们“刻骨铭心”地记住，哪怕其中有一些绝妙的思想可能是他的合作者贡献出来的。总之，名字上的“聚点均衡”可能会减少“学术英雄”的数量。

但是，问题的关键似乎并不在于名字上的“聚点均衡”，因为那不过仅仅是关于注意力的经济学配置而已，英雄毕竟还是英雄，只不过是以“二人帮”、“三人帮”或“四人帮”的形式出现，哪怕是我们只记住了“X 人帮”中的第一个名字。我认为，问题的关键或许在于以下两点，而这两点都跟现行的国际论文发表体制加大了重要思想的发表和传播的成本有很大的关系。

第一，目前的国际论文发表体制确实使得一些重要的但尚不能模型化的思想不能在排名比较靠前的期刊上抛头露面，而这种思想在以前的国际论文发表体制下是可以发表在排名比较靠前的期刊上的，并且这种思想一旦发表出来后就很有可能被广泛传播开来。大家都知道，做学问的人往往只阅读一些排名比较靠前的期刊（比如国际上的 American Economic Review、Econometrica、Journal of Political Economy、Quarterly Journal of Economics 和 Review of Economic Studies 等五大顶级期刊），能够发表在这些期刊上的论文其思想被传播的可能性就大为增加，而这些论文的作者成为“学术英雄”的可能性也就大为增加。当只有思想和模型完美结合才能发表在重要国际学术期刊上成为整个学术圈的共识以后，即使有一些思想可以通过合作的方式模型化从而发表出来，但是更多的原创思想可能还是没有机会发表出来。[②]另外，我们还应该看到，一方面，发达国家的新现象很少，由此导致以解释发达国家的新现象为依归的新思想也就很少，所以使得主流经济学走上了完善已有技术分析的道路，难有思想上的大突破；另一方面，发展中国家的新现象很多，由此导致以解释发展中国家的新现象为依归的新思想也很多，但是以发达国家为出发点的主流经济学模型并不能跟发展中国家产生出的新思想“匹配”起来，

① 见聂辉华：《姓什么会影响你成为经济学家吗？》，载于《经济学家茶座》2007 年第 2 辑（总第 28 辑）。

② 张五常教授经常抱怨现行国际主流经济学期刊发表了的论文没有思想，但问题的关键在于过去的国际论文发表体制比的是思想，而现行的国际论文发表体制比的是思想与模型的匹配。

所以导致发展中国家的许多大思想难以发表。[1]总之,因为目前的国际论文发表体制加大了重要思想被发表并传播开来的成本,所以使得一些潜在的"学术英雄"没有能够成为现实的"学术英雄"。

第二,目前的国际论文发表体制使得一些过度数学模型化的重要思想很难被传播开来。有一些重要思想虽然在排名比较靠前的期刊上发表了,但是由于使用的模型过度复杂,很多人看不懂,从而在很大程度上阻碍了这些大思想的传播。大家都知道,对一个思想理解的人越多这个思想产生的影响就有可能越大,思想的好坏可以通过不同思想之间的比较以及通过思想与现实之间的互动来进行判断。经济学的过度数学化将会为经济学的发展带来意想不到的成本,这种成本就是就是会延迟人们对这些模型中所包含的重要思想的领会,从而使得一些在生前本可以成为"学术英雄"的论文作者只有在死后才有可能为社会所承认。这就会在很大程度上减少当代"学术英雄"的数量。说到底,这种现象的产生还是因为现行的国际论文发表体制使得许多已经发表的论文的思想的识别成本大大提高引起的。

经济学里的"学术英雄"的产生可能既需要遵循目前的国际论文发表体制又需要突破目前的国际论文发表体制。此话怎讲?一方面,我们需要掌握发达国家的主流经济学的数学方法,另一方面,我们需要了解发展中国家的新现象背后所体现的思想,然后努力把这两个方面结合起来。一言以蔽之,需要遵循的是国际主流的做学术的规范,需要打破的是国际主流的做学问的方式。用林毅夫教授经常讲的一句话来说就是,"学术英雄"的产生需要大家把握时代脉搏,需要大家"坐在金山上面挖金矿,而不是坐在金山上面挖煤矿"。当然,不可否认的是,能够同时做到这两个方面的人少之又少,因为真正能够挖出金矿的人必须既能识别出什么是金矿,又拥有挖金矿的有效工具。

---

① 林毅夫教授始终强调的一点是"发展中国家的今天不是发达国家的昨天",因此基于发达国家的实际情况构建的宏观经济学可能并不适用于发展中国家,发展中国家需要基于自身实际情况构造适用于自己的宏观经济学。但是,这种构造的过程无疑是一个长期的摸索过程,因为找到合适的数学分析工具来匹配这些思想本身就是非常困难的,所以这在很多时间需要大家形成一个学术团队来共同工作。

老庄遇上基尼：幸福快乐不仅是一种感觉

翟华 *

于丹教授认为："人人都希望过上幸福快乐的生活，而幸福快乐只是一种感觉，与贫富无关，同内心相连。"(《〈论语〉心得》)"庄子告诉我们，在天地之间，如果一个人果真顺应生命形态，那么首先把这些个遗憾和残缺都接受下来吧，不要委屈，不要较劲，而想的是怎么样改良它，能让自己更好"(《〈庄子〉心得》)。

在讨论"怎样改良"、"让自己更好"，找寻老庄式的逍遥和幸福感之前，我们最好先请出意大利经济学家科拉多·基尼(Corrado Gini)，用他著名的"基尼系数"定量算一算我们国家在财富分配方面到底有多大的"遗憾和残缺"。去年亚洲开发银行请现任世界银行首席经济学家的林毅夫担纲，会同国内资深专家以及亚洲开发银行的经济学家庄巨忠、汤敏、林暾等对中国经济过去30年来增长的特点和收入差距扩大的原因做了探讨，主编出版了《以共享式增长促进社会和谐》(中国计划出版社，2008年4月)一书。

按照这本书中专家们的计算，全国的基尼系数由1990年的0.344增加到了2004年的0.455，明显超过0.40这一通常认为的国际警戒线。不过，这只是用名义收入计算出的结果。如果对不同省份城乡居民生活成本指数将名义收入调整后为实际收入后重新计算，全国基尼指数则仅从1990年的0.287上升到2004年的0.386，尚略低于国际警戒线。原因很简单：通常穷的地方生活成本低，富的地方生活成本高，如果把各地的收入水平用生活成本指数加以调整，地区间的实际收入差异就会缩小，贫富差距就不会如名义收入所显示的那么大。在考虑实际收入的基础上，可以进一步将基尼系数分解，分别看看农民的收入差距、城镇居民的收入差距以及不同地区内地收入差距。

1990年，农村地区的基尼系数为0.290，到2004年上升到0.329；而城镇地区的基尼系数在1990年为0.205，到2004年已经上升到0.318。也就是说无论是农村还是城镇贫富差距都在扩大。如果把全国分为沿海、中部、西部三大地区(沿海

* 作者系亚洲开发银行官员。文中观点仅代表作者本人，并不代表亚洲开发银行。

地区包括了辽宁、北京、天津、河北、江苏、上海、浙江、福建、广东和广西；中部地区包括黑龙江、山西、内蒙、安徽、江西、河南、湖北和湖南；西部地区包括四川、云南、陕西、青海和新疆），1990年沿海地区的收入差距情况和西部地区大致相当，中部地区的收入差距情况较轻。在1990~1995年期间，三个地区的收入差距都加大了，尤以西部地区为甚。1995~2000年期间，三大地区内部的收入差距继续扩大，但是增幅减缓。到了2000~2004年间，情况又发生了变化：沿海地区的收入差距显著增加；西部地区的收入差距开始缩小，而中部地区的收入差距基本保持10年不变的速度稳定扩大。具体来看，23个省份中新疆的收入差距各年都是最大，青海和陕西的贫富差距在各年也都是全国最严重的省份。综合各省的收入水平，这些省份大致可分为四种类型。第一类省份的特征是"较富裕但收入差距较小"。例如，北京和上海在1985~2004年间的人均收入水平最高，然而它们的收入差距水平相对于其他省市始终较低。第二类省份是"较富裕但收入差距较大"，主要有广东、江苏和浙江。这些省份的收入水平虽然较高，收入差距也较大。第三类省份是"较贫穷但收入差距较小"，云南、江西和安徽是这类省份的代表。最后一类是"较贫穷且收入差距较大"，代表性的省份有陕西、青海和新疆。

基尼系数简单明快，清晰揭示了1990年以来全国收入差距不断拉大的现实，但是缺点是知其然，不知其所以然。许多问题仍有待进一步分析和回答：中国收入差距扩大的主要来源是什么？许多学者认为中国贫富差距的加剧在很大程度上来源于城乡之间和地区之间收入差距的扩大，那么这两个来源的影响到底有多大？为了回答这些问题，那就要请出另一位老先生、荷兰计量经济学家亨利·泰尔（Henri Theil），用他建立的"泰尔系数"将全国收入差距按不同的类别，例如区内（within）与区间（between）进行分解，评估其对全国总体收入差距的影响。

对于中国全国范围的收入差距扩大的来源是哪里，长期以来一个普遍印象是沿海地区与内陆地区收入差距的拉大。然而全国收入差距变大究竟多大程度上可以归咎于区域差异，并没有很清晰的认识。泰尔系数的计算结果表明，1994~2000年间中国各地区"区内"与"区间"的收入差距在绝对水平上都扩大了。但是，就区内与区间差异对全国收入差异的相对影响来说，情况就比较复杂。以实际收入来看，1990年区间差异仅仅占全国收入差距的1%，到了2004年，也不过3.8%。也就是说，区域间的差异在中国的收入差异构成里面其实是微不足道的。这个研究结果与以前许多学者的研究结果截然不同。就区域内的收入差距来看，沿海地区内部收入差距对全国总体收入差距的影响最大：1990年沿海地区内部收入差距占全国收入差距的 45.5%，2004 年占 47.1%。而西部地区与中部收入差距在全国总的收入差距的构成里面，比重不断下降。西部地区收入差距占全国总收入差距的比重从 1990 年的 18.1%下降到 2004 年的 15.1%；中部地区的比重从 1990 年的 37%下降到 2004 年的 34%。如果把全国总体泰尔指数按城镇内部、农村内部以及城乡之间的影响进行分解，可以发现城乡之间以及城镇内部的收入差距扩大，是造成全国总体收入差距扩大的主要原因。在 1990 年，农村内部收入差距占全国收入差距的比重，超过了城镇内部以及城乡之间的收入差距占全国收入差距的比重之和；就实际收入而言，前者占了 72%，后两者合起来仅占 28%。但是，随着时间的推移，农村内部收入差距没有多大变化，而后两者则在快速增加。到 2004 年，城镇内部收入差距可以解释全国总体收入差距的 34%，城乡之间收入差距可以解释 30%，两者构成了全国收入差距的近三分之二，而农村内部收入差距只占 36%。计算结果还表明，对全国总收入差距影响最大的前五个省份为广东、河南、湖南、江苏和浙江。

这样的结果对我国的扶贫工作有什么启示呢？如果我们以降低基尼系数使其控制在国际警戒线之内为目标的话，那么缩小城镇内部的收入差距和城乡收入差距是最有效的方法，而缩小地区之间（如东部和西部之间及各省之间）的差异对减少中国总体收入差距并不一定非常有效，因为东西部差异并非基尼系数走高的主因。但是，如果要以扶贫本身为目标的话，缩小地区差异却是十分重要的，因为中国的贫困人口大多数集中在西部地区。不言而喻，我们的目标应该着重于扶贫本身而不是单纯控制基尼系数，而有效的扶贫就要引入共享式增长(Inclusive Growth)的理念。

什么是"共享式增长"？这还要从富人为什么富、穷人为什么穷谈起。在这个世界上人们财富差距的原因大体上可以归纳为两大类：一类是个人背景(circumstances)的不同，另一类则是个人的努力与勤奋程度(efforts)的不同。个人背景包括如家庭财富与权势、社会关系、宗教信仰、肤色、性别、所处的地理环境、工作的行业等等诸多因素。由这些因素造成的收入差距反映的大多是机会的不平等，是社会不公的表现，它们通常由制度、市场与政策的不完善与失灵所造成，必须通过公共政策手段来加以处置。另一方面，由于个人的努力和勤奋的不同所造成的收入差异反映的则是市场机制的酬勤惩懒，是良好的激励机制起作用的表现。这样的激励机制鼓励创业与创新，是促进经济增长所必不可少的。如果一个社会中，所有个人的努力与勤奋程度相同，那么结果不平等反映的大多是机会不平等，这样的结

果不平等是社会不公的表现，是不可接受的，必须采取措施加以消除。基于这样的理解，可以把“共享式增长”界定为倡导机会平等的增长。

现在回到本文开始于丹教授提到的老庄命题：“在天地之间，如果一个人果真顺应生命形态，那么首先把这些个遗憾和残缺都接受下来吧，不要委屈，不要较劲，而想的是怎么样改良它，能让自己更好。”面对贫富差别的扩大，“改良”的最好方式是加强政策与制度的公平性，消除社会不公，完善市场机制，创造平等竞争的条件。在客观机会均等的条件下，为了使自己感觉更好，有的人选择奋发图强，也有的人会选择随遇而安，由此出现的贫富差别并不会真正影响社会稳定。因为在这时，正如于丹教授所言：“幸福快乐只是一种感觉，与贫富无关，同内心相连”。

中国还需过大关

程亚文*

在中国已经实行改革开放将近十年的1987年，法国名记者和经济学家居伊·索尔芒在其《新国富论》一书中，曾经不无轻视地说道："值得仰慕的是那个作为文明古国的过去的中国，而现实的中国不过是一张索然无味的暗淡帷幕。"中国与世界注定将这样两相忘记？在索尔芒说出那句话不到20年后，人们看到的已经完全是另外的一种景象：中国人在高谈"中国经济已经成为世界经济的一部分"，而世界则在惊叹"中国成为世界经济的一个新引擎"。中国的就是世界的，世界的就是中国的，中国与世界，在最近一个世纪以来，从没有像现在两情相悦、互相贴近。

一、小岗村与"中国世纪"

中国传统上是一个农业国家，中国的现代转折，命中注定也是从农村起步。对此居功至伟的，竟然是安徽凤阳小岗村的十几户农民。1978年，当他们私定契约决定将公社土地包干到户的时候，这几个穷则思变的"乡下人"，怎么也不会想到，此举开创了中国的一个新时代。

小岗村的农民打开了计划经济体制的第一道阀门，那时中国的贫困程度，就与中国发动的"文化大革命"一样令人不可思议。1978年世界银行年底的报告中，中国人均国民生产总值（GDP）与索马里、坦桑尼亚为伍排在倒数第20位，只有379元人民币，全国还有亿万人为吃不饱饭而发愁，将近3亿人生活在贫困线以下。同样令人不可思议的，是中国在不到一代人的时间内，就完全颠覆了以往的贫穷、落后、封闭形象，而成为一个充满活力、开放、富裕的新国家。13亿人的温饱问题在10年左右的时间里就迅速得到解决，贫困发生率从1978年的30.7%急剧下降到2006年的2.3%。不到30年的时间，中国经济总量在世界上的排位，便由第10位上升到目前的第四位，而到今年底，又将超越德国成为世界老三。美国、日本一些研究机构和学者还预测，到2020年，中国就将取代美国变成世界最大经济

* 作者现居北京。

国,其GDP将是日本的两倍还不止。

1957年,日本著名经济学家速水佑次郎到美国留学时,日美之间清楚可见的巨大贫富反差,曾使他不敢想象在其有生之年日本能达到美国水平的一半。20年后的1970年代末期,日本却已在人均GDP上与美国相差无几。这种惊讶现在似乎应该转移到中国身上。这个全球最大的后发国家,虽然人均GDP仍与先发国家相去甚远,但其百姓的购买力水平,却又明显高于同等收入的先发国家。1978年的那个有一定数量的重工业、但绝大多数人口仍生活在农村的农业国家,转眼之间在经济和社会上,已基本呈现出现代工商业社会的特征和形态。

作为一个新兴的工业化国家,中国如今被称作“世界工厂”,其制造业规模已占全球总量的12%以上。从极端贫困到小康在望,中国创造了“中国速度”。这样的一个中国,当然已经不再是鸦片战争和义和团运动中的那个不知世外为何物的老大帝国,也不是20世纪上半叶那个深受分裂和战乱之苦、国家迟迟不能实现统一的混乱国家。当一个新的中国形象在21世纪来临前后悄悄出现在世界舞台时,世界没有理由不去关注这条东方巨龙的再次复兴。2007年的美国《新闻周刊》,开年便以“中国世纪”为题,突出报道了中国的成就与变化。而大肆渲染“中国世纪”的,又何止《新闻周刊》一家!!

二、两千年未有的文明转型

市场经济、资源配置、海外贸易、上市公司、有价证券、知识产权、现代法治、城市文明、中产阶层、公民权利、民主政治、大众参与、财产权、物权法……这些词语和事物,都是最近20余年间逐渐流行于中国媒体并进入中国人的日常生活的,它们与优异的经济表现合在一起,凸显了当下这个中国与以往中国在存在形态上的基本分野,那就是现代性的有无。

由传统的农业国家,转变为现代工商业国家的过程,也是现代性逐渐在中国成长的过程。但这一过程并非一帆风顺。中国是一艘在大海中远航的航空母舰,由于舰体太大,她要转弯,半径要比小舢板不知大了多少倍。历史学家唐德刚对此慧眼独具,他指出中国的现代性转型,实际上乃是自秦统一中国由分封制转向郡县制后,中国在最近两千年来前所未有的一次新的文明转型。这一过程起自1842年《南京条约》的签订,而其终结,恐怕要到21世纪中叶。

1978年在中国的第二次文明转型和现代性成长中,无疑起到了承前启后的作用。小岗村的几个农民,用土地包干制,“撬”开了存之久远的中国农业文明传统,无意中为两千年来最大规模的一次文明转型打开了魔盒。但是,他们为中国现代性所提供的,只是古希腊科学家阿基米德眼中的"支点",而之前的中国历史,则为"撬起地球"制造了杆杠。

从传统的农业经济和社会形态,转变到现代工商业经济和社会形态,在某种意义上乃是中国近现代史的一个主题。这一主题是从向为中国所不屑的外邦夷蛮,竟然跑到中国家门内打败天朝帝国的羞辱经历开始的。两次鸦片战争的洋枪洋炮给当时的清朝精英统治阶层上了一堂大课:欧洲铁骑跨入中国大门,所仰仗的不仅仅是船坚炮利,而更在于背后有强大的现代工商业支撑。从那一时刻起,富国强兵的重要性,在为数不少的清朝统治精英中形成了共识。

在19世纪下半叶的那些年月里,以儒家信仰为"体"的诸多封疆大吏,把儒家的经世致用精神发挥到了极致。胡林翼、曾国藩、左宗棠、张之洞、李鸿章,这些能臣星群般闪烁出现及在他们的努力下所搞起的洋务运动,差点就完全改变了近代中国的命运。然而,"同治中兴"不过是一个皇朝的回光返照,现代工商业系统只被当作了皇权的附丽,而无法突破旧有指令系统的控制,它的失败似乎命中注定,甲午战争不过是在它的残躯上,又加了一刀而已。

对于一个曾经处于亚洲区域中心位置的帝国来说,文明转型不时时被内忧外患所困扰,倒应该是一件怪事。中国无法避开这个宿命。在洋务运动败北之后,有见识的中国精英阶层,还多次试图建构现代国家。可惜的是,迎来的是一次又一次的失败。清末新政无果而终,伴随中国最后一个皇朝而一起覆灭。而在辛亥革命后,没有尽头的政治和社会动荡,更使现代转型成为不可能。及至上世纪20年代中期以后,中国逐渐消除军阀割据,到30年代中期,现代工商业再次在中国展现了强大活力,不幸却还是与1894年一样,这次现代化浪潮再次被亚洲"兄弟"日本的入侵所打断。

从1840年到1949年,一个多世纪的时间,中国不是被外敌侵略,就是陷入内部军阀战争或者党派内战。这种悲惨历史不能不让人扼腕。不过,天道运行的无形巨手,往往只能到事后才能一窥奥妙。分裂、混乱和内战,其实也是"黎明前的黑暗",所谓"不破不立"、有大乱才有大治。对于这一点,曾经在抗日名将戴安澜手下做过排长的前国民党下级军官黄仁宇,在后来旅美成为历史学家后,"上穷碧落下黄泉",在苦思晚近中国的起伏跌宕时终有所悟:19世纪中下叶以来接连不断的内忧外患,乃是对传统农业中国的"创造性破坏"。有了前期对传统农业社会经济、政治和文化结构的"破坏",才为后期的现代工商业建设打扫干净了屋子,清理好了

场地。这种观念很像奥地利经济学家熊彼特。黄仁宇在此基础上又进一步,他发现在“扫屋”、“清场”的同时,中国在20世纪上半叶以来分别由国民党和共产党实现了“高层机构”和“低层机构”的翻转。

黄仁宇所说的机构翻转,实际上持续到了20世纪下半叶。中华人民共和国建国后在全国范围内所展开的土地改革,是建构“低层机构”的延伸。这使20世纪下半叶前30年的历程,与近30年来也构成了前后相继的逻辑关系,而并非截然对立。至此现代性赖以生成的内部条件,才开始在中国逐步具备。

三、复兴意愿与制度创新

21世纪初中国经济和社会发展所表现出来的蓬勃状态,当然不意味着中国文明转型和现代性建设已大功告成,如唐德刚所说,中国的文明转型大概需要跨越200年的时间段。然而,它的确又反映一个古老国家的现代复兴,其势已成高山流水,顺峰而下不可逆转。中国复兴的奥秘,因此引来人们的无穷探究兴趣。

这当然是一个大问题,任何思考和概括,都可能让上帝忍不住发笑。但我们还是可以大致做出总结,找出一些线索。首先值得关注的,大概就是德国浪漫主义哲学家赫尔德所强调的民族精神。一个国家和民族是什么样的精神状态,会深刻影响到它的命运。第二次世界大战之后日本实现“第二次开国”、成为世界数一数二的经济大国,与日本民族因为战争失败而急于摆脱国家困境的危机意识密切相关。同在东亚区域的韩国的经济崛起,其精神动力则来自于洗刷曾经有过的屈辱史的强烈意志。中国的情况则与韩日有相似又有所不同,由传统的天朝上国,转瞬之间却被人践踏在地,几经磨难才重新实现国家统一,这种百年历程成为历史文字而代代流传,最后所积淀的,乃是屈辱与自尊相交缠的国家心态,由此又激发为发愤图强的民族意愿。它是中国复兴背后的强大精神动力,不仅体现在一代代精英的政治、经济意识上,也内化为了一般民众的思想追求。20世纪70年代以来的中国改革,正是精英阶层的富强国家理想与芸芸大众的穷则思变本能相结合的产物。中国改革因此既不是自上而下,也不是自下而上,而是上下互动,相为因果。

更重要的是,中国适应资源禀赋的变化情况,及时进行了技术和制度创新。它至少表现在两个方面:一是从农业改革做起,突破了马尔萨斯定律和“李嘉图陷阱”。马尔萨斯认为人口增长速度总是大于食物增长速度,永恒的人类情欲与不变的自然资源之间,存在着不可调和的矛盾。大卫·李嘉图由此引申:由人口增长所导致的食品价格上升,容易迫使经济处于“停滞状态”。20世纪下半叶以来中国社会变化的一个重要特点，就是人口迅速增长，它在一定时期内使中国形成了“食品问题”，但是，到1980年代以后，马尔萨斯定律在中国就已失去效用，中国没有继续掉进“李嘉图陷阱”。其中的关键原因就是1978年以后的农业改革，农村土地包产到户责任制的推行和新的优产高质水稻等农作物新品种的推广，使中国初步实现了由资源为基础的农业到以科技为基础的农业的转变，农业生产能力得以大幅度提升，粮食问题得以有效解决。

二是选择了合适的工业化战略。在20世纪下半叶的前期阶段，中国通过牺牲农业进行工业积累，当时主要发展的乃是重工业。但重工业需要大量资金，并且吸收劳动力能力不如劳动密集型产业。这种工业化模式在20世纪60年代以后，随人口迅速增多、年轻人口比例加大而难以为继，大量城市青年只得下乡“接受贫下中农再教育”，否则城市就业压力将会形成爆炸性社会问题。但事情还有另外一面，新增的大量城乡年轻人口，实际上又非常有利于发展劳动密集型产业。20世纪80年代在工业化政策上的果断调整，对外开放吸收外资，引入市场体制，改变所有制形式，大力发展出口加工产业和外向型经济，这一系列措施和制度的推行，终于使中国的“人口红利”得以充分利用。

上世纪80年代中国开始提出“以计划经济为主，市场调节为辅”，继而修订为“有计划的商品经济”，而到上世纪90年代初，又代之以“社会主义市场经济”。象征传统计划体制的国务院机构国家计划委员会，也于1998年撤销而更名为国家发展计划委员会，又于2003年改称国家发展和改革委员会。中国的改革开放也是一个不断进行制度创新的过程。就是20世纪下半叶的前30年，在制度建设上也并非乏善可陈。土地改革和土地国有化，为改革开放之初包产到户创造了可能，高积累、低消费政策所带来的工业积累，则为实行改革开放提供了基础工业设施准备和国内资金支持。

四、韦伯为什么错了?

大致说来，晚近以来的中国，在国家追求上经历了一个由求存(政治独立)到求强(军事强大)再到求富(经济发展)的演进过程。这三个阶段的时间划分，分别是从鸦片战争到中华人民共和国成立，从中华人民共和国成立到改革开放，从改革开放到现在。只是到了上世纪70年代末，求富才成为新的国家目标，中国复兴才渐渐露出峥嵘，其中的奥秘，一言以蔽之，乃在于强烈的复兴意愿下的学习热情、创新冲动和改革精神，与一定的国内国际条件实现了结合。

从国内条件来说，可以说治从“乱”出。19世纪末至20世纪下半叶接二连三的战争、冲突和混乱，绝不能仅仅认为是消极破坏，而是在破坏中蕴含了建设。中国的复兴乃是一个经历了无数破坏后，次第展开、延续不断的发展进程，在其不同阶段有不同的表现。在经历了一百多年的动荡后，20世纪70年代末以来，中国在政治和社会上已逐步安定，这使国内经济和社会发展有了前提保证。

从国际条件来说，在政治和安全层面，20世纪70年代以来，中国与世界强权力量截然对立的状态逐渐消除，中国的外部环境明显改善，这使中国可以节约安全成本，集中精力搞建设。而在中国近现代史上，曾有两次现代化刚刚展开便被外来强力所打断的经历。在经济层面，经济全球化为中国的改革开放带来了实践空间，中国经济逐渐与世界经济融为一体，从而可以充分利用世界经济与技术资源。中国经济成长的自然逻辑，因此可以在全球经济的自然逻辑中顺利展开，并且这种逻辑已不太容易像过去一样被打破。

这颠覆了德国社会学家韦伯关于儒家传统开发不出现代经济发展的预言。曾几何时，包括中国在内的亚洲的贫困，一直被众多发展理论家们普遍视为当然，原因之一就是韦伯所说的文化障碍。然而，先是亚洲的“小龙”、“小虎”，接着是中国，这些并没有受到新教伦理熏陶的国家，一个个却挣脱了贫困的牢笼，在经济和社会发展上呈现一派生机。韦伯无疑说错了！

韦伯式的精神文化决定论思想，其实也是近代以来中国精英阶层中极为盛行的一种观念，即认为包括物质、制度在内的一切进步，都取决于思想文化。它导致的直接结果，就是对本民族思想文化信心的动摇。19世纪末张之洞提出“中学为体，西学为用”，还可认为那些中兴能臣们仍保有着对中国文化传统的自尊自信，而到谭嗣同提出“仁”学和康有为主张“托古改制”，中国思想传统的神圣性，已在精英阶层中被打开了第一道缺口。而在20世纪中的五四运动与“文化大革命”，对儒家传统的态度如何，则更是众人皆知。对中国思想文化的这种前仆后继损毁，背后的心理动因只有一个，那就是以为只有革了中国文化的命，才有中国的未来。到上世纪80年代，这种思想文化决定论思潮仍是强音。名噪一时的电视纪录片《河殇》，其中对“蓝色文明”的讴歌，对“黄色文明”的悲叹，便是代表。

从现在来反观，这种思潮显然没有切中要害。文化与政治、经济，既相互联系相互影响，但又各有其领域，并不总是互相决定。在欧洲开始产业革命时，刚刚经历“文艺复兴”狂热的欧洲人，正如历史学家麦尼尔所说，也曾认为基督教会阻碍经济发展。但欧洲人并没有真正抛弃基督教，而是对基督教的信仰方式进行了改革。中国文化传统中无疑也有妨碍经济活动的观念,但其主流并不反对经济发展。

近30年来的中国的经济成长,破解了文化决定论,儒家传统与现代经济发展,并非不能相容。时间再拉长一点,中国社会实际上从未根本上排斥过市场经济和商业活动,法国经济史家布罗代尔经过细致研究发现,古代中国曾形成网络繁复的市场体系。有心的人看看宋明以来的诸多白话小说,便可对此找到印证。明清时出现的徽商、晋商集团,都反映了市场性的商业活动在古代中国的高度发育。

五、文明转型还须过"拐点"

1978年以来中国在经济上的成功,无疑显著提升了一个国家和民族的发展水平,也极大鼓舞起了十几亿人的自信心。"中国世纪"、"中国崛起"、"中国复兴"之类的说法,如今国内国外触目可见。在可以预见的未来,中国的前景仍然没有理由不被看好。

然而,中国还不是一个完全成熟的现代国家,经济现代化并没有完成。2004年前后,在经济学家吴敬链、林毅夫、厉以宁、樊刚等人之间,发生了一场要不要重点发展重化工业的争论。而在2004年到2006年,围绕改革向何处去,则发生了一场所谓"第三次改革论争"。争论的背后是问题。如果说上世纪80年代初围绕计划还是市场、90年代初围绕姓"社"还是姓"资"问题的争论,争论的主题还在于中国是不是可以搞市场经济的话,那么,新世纪以来所关注的,则已转变为经济现代化如何向纵深推进。

与中华人民共和国建国之初、改革开放之初,甚至十几年前相比,非常值得注意的是,中国今天在经济社会发展上所面临的问题,已经极为不同。

首要的问题仍在于农村和农业。在上世纪80年代中期中国改革转向城市为重点后,农村和农业就基本被忽视,其改革创新一直停滞不前。如果说在上世纪70年代末,中国是靠家庭承包责任制解放农业生产力,实现了对工业化的支持的话,那么,最近20年来农村改革的相对滞后、农业发展的严重落后,在中国进入工业化中期后,已再次成为制约中国经济向前发展的重要因素。原因在于:在农业生产率长期没有继续得到明显提升的情况下,从事农业生产的人口却随城镇化进程已不断减少,耕地也随城镇化进程而被不断侵蚀,农民从事农业的积极性也大为减弱,这都使中国的粮食生产不再如20年前那样能够得到足够保证。这一问题今年以来已出现明显征兆。据有关部门统计,今年总体物价上涨4.3%,而食品价格上涨高达11%。食品价格的快速上涨,使居民生活费用大幅度上升,将迫使工厂和企业

提高员工工资。这又将提高生产成本，对传统上依赖低成本的劳动密集型产业形成很大压力。

中国的人口形势也与过去29年迥然不同。主要表现在两方面：一是农村剩余劳动力已几乎被吸收殆尽。食品短缺和食品价格的较大幅度上涨，说明农村从事传统农业生产的人数在减少，而自2004年以来，先在广东、后在全国很多省份都开始出现民工荒，则进一步说明农村对城镇工业的劳动力供给已近极限。第二个是，中国已经进入老龄化社会。目前中国超过60岁的人口已经超过总人口的10%，而年轻人口则由于上世纪80年代中国人口生育率的急剧下降，在总人口中的比重也在急速下降，这使所谓中国"人口红利"，在2015年左右将不复存在。中国近20多年来的经济成功，也是劳动密集型产业的成功，很大程度上所依赖的，就是中国青壮人口多的人力资源优势。这两方面问题的出现，将使传统的劳动密集型产业，在不久的将来即难以为继。

不仅如此，建立于人口和资源低成本优势、以投资与出口为主导的中国过去20多年来的经济增长，还引发了其他方面的深刻矛盾。从国内层面看，造成了大规模的环境污染和生态破坏问题，也使资源浪费现象极为严重。而在国际上，中国则面临其他国家针对中国产品的倾销指控和压迫中国提高人民币汇率。由于这些问题的存在，中国的发展战略学者们近年来谈得比较多的一个问题，就是中国经济发展已进入"刘易斯拐点"，要向更高程度的工业化迈进，就要克服工业化初期对资本和劳动的高密度利用，争取更大程度的技术和制度创新，即使经济发展步入技术替代资本的所谓库兹涅兹类型。

中国过去近30年的成功可以说也是充分利用"后发优势"的成功。但是，成也萧何败也萧何。在工业化进入中期以后，如果不花大力气提升技术和教育水平，促进自主技术和产业的发展及相应的制度创新，"后发优势"迟早将变成"后发劣势"。在这方面，19世纪下半叶的俄罗斯所提供的是一个失败国家的例子，而20世纪下半叶的日本和韩国，提供的则是成功的例子。失败者的失败与成功者的成功，所说明的是同样一个问题：在世界性的产业和经济竞争中，从长远来看，一个国家只有根据自身资源禀赋的变化，通过不断的技术和制度创新，建立起在技术和产业上的相对优势，一个国家才能真正长久在世界竞争中占有一席之地。

过去很长时间内以低成本和低端制造业参与世界竞争的比较优势，在不久的将来就将渐渐离中国远去，面向未来，中国显然还需过大关！

建设新农村的重点应当转为帮助城里的农民工

徐昌生 *

新农村建设已经开展两年多,这是继中央政府决定免征农业税之后的又一直接惠民举措,成绩有目共睹。比如,许多偏远的村庄道路得到了硬化,许多农舍外墙与屋顶得到了统一的修缮与美化,许多农户低价买到了国家补贴的家用电器,许多村口路头每到傍晚也能亮起路灯,等等。这些做法的确有助于改善农民的生活环境,比照以前对农民的口头关心进步百倍,普受欢迎。

但是,在广受赞誉的同时,有些现象也应当引起我们的深思。在农村,大部分青壮年劳力已经离开了故土,除了春节期间,大部分的房子只有留守的老人或者儿童,"空心化"的现象正在不断地加深,农村的常住人口越来越少已是一个不容置疑的事实。如果我们继续对农村的基础公共设施进行持续不断投入的话,虽然能够帮助现在仍然居住在农村的农民改善一些生活环境,但是这些资金所产生的社会效益却是值得我们仔细盘算一番的。

从投入产出的角度看,任何一项资金的投入,我们都希望用同等的钱办最大的事,或者办同样的事用最少的钱,这在经济学上叫效用最大化。新农村建设虽然用的是财政的钱,但这些投入不是无限制的,如何让好钢用在刀刃上,使同等的资金投入发挥更大的作用?或者说,如何让财政的投入所惠及的农民越来越多而不是相反?

要回答这个问题,首先要明白目前农民最迫切需要什么?农民最迫切的需要是增加收入。有了钱,农民不苦,农村也不会穷,农业更不会有危险,"三农"问题迎刃而解。当然,以目前的财力,政府不可能给他们大把发钱,钱还得靠农民自己去挣,但政府也可以有所作为,即为他们挣钱创造更好的条件。

农民怎样才能挣钱?对于绝大多数农民而言,农业本身是无法给他们提供增收致富机会的。由于农业普遍存在农产品需求上限和农产品市场是完全竞争这两个特点,使得增产不增收这个特征表现得特别明显,叶圣陶先生的《多收了三五

* 作者系江西博能集团副总裁。

斗》，与其说是米行对农民的残酷，不如说是农业产业增产不增收特征的生动写照。农民要想脱贫致富，公认的结论就是减少农民的数量，让更多的农民进入城市，进入工业和第三产业领域，也就是说农民的希望其实是在农业农村以外，或者直截了当地说就是在城市。以这几年的实际情况看，广大农民早已以自身的行动作出了选择，他们宁愿离乡背井，也不愿留在家乡寂寞受穷。进城打工早已成为中国农民摆脱贫困获得现金最有效的途径。

如果我们换一下思维，把前文提到的用于改善农村道路或者补贴农民家电的钱，用在城市里来解决进城的农民工更加迫切的问题，无论从经济收益还是社会效益上看，成效应该更大。比如，改善农民工相对集中区域的学校办学条件，扩大招生规模，使农民工的子女能够就近入学，或者干脆直接给农民工子女以教育补贴，让他们在教育市场中根据优胜劣汰的原则自行选择；也可以给那些愿意学习知识技能的农民工本人以教育补贴，尤其是那些来自贫穷而偏远山区的童工或者没有文化教育背景的妇女，让他们到专门的职业学校学习一技之长；还可以给那些在一地有多年打工经历和稳固工作单位的农民夫妻提供类似集体宿舍一样的廉租房，让他们有一块属于自己的狭小天地，找到一点点家庭的温馨，等等，这将为他们在城里稳定挣钱创造便利。

相反，如果我们坚持继续执行既往的新农村建设政策，那么我们的投资效益将会越来越低，因为城市化既是我们的发展战略，也是中国不可逆转的大势所趋，农村的人口只会越来越少，硬化的道路与村头的路灯所能惠及人数同样只会减少不会增多。即便我们投更多的钱来建设更好的农村医院或学校，由于受到农村地域广阔、人口分散、交通不便的制约，这些公用设施也无法发挥更大的作用，甚至连日常的维护也将成为国家的负担。

地方政府贯彻中央建设新农村的战略，推出一系列造路、修屋、敷线、架桥等举措，目的是通过改善农村的基础条件，来激发农村的消费能力。意愿无疑是好的，但忽视了农民消费增长的根本动力是能够源源不断地获得稳定收入，留在农村没有稳定收入，消费增长的目标就不可能实现。

政府的资金投入相对于普通百姓就是一种导向，当我们把更多的资金投向农村基础设施时，其实质是变相鼓励农民继续留在农村，这与我国各地正在进行的城市化战略正好背道而驰；当我们有限的资金投向改善进城的农民工的生活环境时，这不仅有利于稳定受惠对象扎根城里的决心，也能激发没有进城的农民的极大兴趣，这与我国各地正在进行的城市化战略正好并驾齐驱。

当然，要提高进城农民工的收入增长，除了改变目前对新农村建设的投资方向以外，还要辅之以更多的政策配套，比如解除户籍歧视、减少对农民工工资的拖欠、重视第三产业和中小企业的发展等，但这不是本文所需要探讨的，因而不再赘述。

如果各级政府真正决定把建设新农村的投入重点转向城里的农民工，那么新农村建设在农村是否就无事可做？也不尽然。我们可以把新农村建设的重点从有形的公共设施建设转移到无形的经济制度改革。农民在陆续进入城市之前，如何处置在家乡的土地早已成了一道棘手难题。中国从提倡市场经济以来，三项生产要素中的两项，即资本和劳动力已经获得了充分的流动自由。现在没有人强行要求私人资本必须投到哪个行业或项目，而是哪样赚钱就投向哪里；也没有人要求中高级人才必须无条件地留在落后地区，择业过程中的跳槽挖人屡见不鲜。要素自由流动是其获得高回报的必要条件，所以，资本和人才的回报正在逐年增加，普通劳动力的工资增加虽然缓慢，但毕竟较之改革开放前有了翻天覆地的变化，前景令人鼓舞。但是最后一项生产要素即土地，目前仍然被禁锢得相当严密，什么时候土地能够彻底地自由流动，什么时候农民就有了自由进城创业的资本，农业也具备了规模化集约经营的条件，农民就有了普遍翻身的希望。中国的农民普遍贫穷，并不是他们不够勤劳肯干，而是种种不合理的制度在束缚着他们。如果各级政府能够转变认识，将下一阶段新农村建设的攻坚目标改为对农村土地等不合理制度的改革与创新，则农村面貌的改变将会越来越快！

需要说明的是，我们并不否认现在的农村生活环境依然恶劣，仍然需要政府的更多关怀。提出减少对农村基础公共设施建设的投入，从道义上看似乎有些不近人情，但是，在有限资金投入的约束条件下，选择投向城里的农民工肯定比投向农村的农民更加符合未来的发展趋势！

显学是怎样产生的

董新兴*

今天是星期六。早上9点外出，突然想写点什么。于是赶快回家，把儿子从电脑边支走，一口气写下来。以前，脑海中也时常出现写作的“灵感”，可是很少把它们写出来。十几年的编辑生涯，写的东西太少了！这次下决心了，一定把这个“灵感”写出来，以免让它溜走。借着自己是编辑这个近水楼台，趁着《茶座》还没有付印，把它发表，供大家批判。

先概括一下我的“灵感”：每个学科都有个供给和需求问题（如果没有需求，这个学科就没有存在的理由），也是有“价格”的。它的“价格”如同普通商品的价格一样，也是由供求关系决定的。当这门学科的供给大于需求，或者供求处于平衡状态时，这门学科的“价格”就会下降或者持平，它也就成不了显学；反之，当这门学科的需求严重大于供给时，它的“价格”就会暴涨，就会成为显学。在目前的中国，经济学是名副其实的显学，这也是由供求关系造成的。

经济学的供给方是经济学者，那么经济学的需求方是什么？你可能会说，是个人、企业和政府等等。现代的个人、企业和政府的确需要经济学。但是，自原始社会以来人类就一直存在着，进入商品经济阶段以后就有了企业（例如手工作坊），政府也早已于市场经济出现之前产生，那时为什么没有对经济学的需求？实际上，经济学是关于市场经济的理论，她的需求方是市场经济，也可以说，是市场经济条件下的个人、企业、政府等等。市场经济越发达，对经济学理论的需求就越大，反之亦然。在还没有产生市场经济的时代，是不可能有经济学理论的。经济学的产生与发展与市场经济的发展基本是同步的，而市场经济与经济学也是一个相互促进的过程。经济学产生的基础是市场经济，是对市场经济的高度概括和总结，而经济学的产生和发展，也促进了市场经济的发展。

市场经济是从西方开始的，自然，现代经济学也产生于西方。市场经济是由早

---

*作者系山东人民出版社编审。本文写于2008年8月23日，修改于次日。王松奇教授对本文提出了宝贵意见；詹小洪研究员给予了热情的鼓励，并提出将题目放于封面。在此一并致谢！

期的商品经济一步步发展来的。在原始社会末期出现交换后，商品经济就产生了，以后逐步发展，才产生了现代的市场经济。在商品经济阶段，虽然也有一些市场经济思想，如古希腊、罗马、欧洲中世纪的市场经济思想，资本原始积累阶段的重商主义等等，但是这些还谈不上是现代意义的经济学，就像中国古代也有一些经济思想但谈不上是经济学一样。经济学作为一门科学，必须是高度系统、概括和抽象的，有着自己的方法论和理论体系。现在学术界比较公认的是，经济学作为独立的一门科学的诞生，是以亚当·斯密于1776年出版的《国富论》的出版为标志。而18世纪七八十年代正是西方工业革命阶段，市场经济已经产生，但是这时旧的社会制度仍然严重阻碍着经济的发展，亚当·斯密的古典自由主义经济学就是在这样的背景下产生的。从此以后，在西方，经济学基本上处于不间断发展状态，发展成现代的经济学。

经济学对我们中国人来说，是个舶来品，就像市场经济对我们来说也是输入品一样。中国古代很早就产生了商品经济，但是我们没有内生出市场经济。中国的市场经济是伴随着鸦片战争的炮火输入的。随着国门的开放，一批有眼光的知识分子把眼光投向了西方。中国最早的"海龟"之一的严复就是这些知识分子的代表人物，1901年他以《原富》为书名翻译出版亚当·斯密的著作《国富论》。这标志着经济学被引入中国。

现代经济学在进入中国的最初半个世纪内得到了很大很快的发展。北京大学于1912年设立了中国最早的经济学系——商学科。同时陆续有不少学生负笈欧美学习经济学。对西方经济学的译介也更多、更全面，出版了不少经济学方面的著作。但是，这个时期现代经济学在中国还谈不上是显学，无法与今天她在中国的地位相比。究其原因，一是这时中国市场经济处于发育的初级阶段(进一步说是幼稚阶段)，对现代经济学的需求有限；二是现代经济学的供给处于一种自然发展状态，没有人为阻挠和限制，不会出现像后来的中国那样因为国家权力限制现代经济学的传播，导致开禁后经济学供不应求的局面。这时经济学的供给和需求处于一种基本平衡的状态，经济学不可能成为显学。

再说上个世纪的后半叶。在这将近半个世纪的时间里，我们取消了市场经济，搞了计划经济，经济学的需求方——市场经济被人为消灭了，对作为市场经济的理论的现代经济学自然没有了需求，取而代之的是作为意识形态的经济学。作为经济学者，有的转而讲授上述作为意识形态的经济学，有的去讲"西方经济学批判"这样的课程，有的处于被批斗的状态。在最极端的年代，你可能会因为藏有一

本“资产阶级庸俗经济学”的书而获罪，或者因为坚持真理而付出生命代价。“文革”中著名经济学家顾准和孙冶方的命运就是典型例子。这个时期，现代经济学没有了需求，自然就没有了“价格”，更谈不上什么“高价”；现代经济学在中国的传播和发展基本上被中止和扼杀了，更谈不上显学了。

那么，中国目前现代经济学的显学地位是如何形成的？说到底是现代经济学的需求严重超过供给造成的。

先看需求。现代经济学的需求方是市场经济。让我们看看当代中国的市场经济是如何发展起来的。从1978年底开始，我们实行了改革开放政策。先是农村实行联产承包责任制，再到80年代中期开始的城市的改革，经济改革一步步深化。对外开放也一步步扩大：在沿海建立了经济特区和沿海开放城市，引进外资和技术，鼓励出口贸易。理论上的认识也一步步深化：从“计划经济为主，市场调节为辅”，到“有计划的商品经济”，再到1992年初小平南巡后同年底召开党的十四大明确提出建立“社会主义市场经济体制”的目标。我国的经济实力得到了迅速的提高，市场经济的潮流势不可挡，对现代经济学的需求爆发式增长。然而，长期的限制、批判和扼杀，导致现代经济学的供给严重短缺。尽管改革开放后对现代经济学的控制一步步放松，到1993年以后，“西方经济学”得到了彻底正名，但是现代经济学的供给增加不是一朝一夕就能完成的。在需求猛增，供给不足的情况下，价格自然会暴涨。这就现代经济学成为显学的根本原因。

你也许会说，美国对现代经济学的供给与需求一直基本处于自然状态，没有人为地扩大需求，也没有人为地减少供给，为什么在美国经济学的“价格”也很高？的确，在美国，经济学似乎也是显学。这从美国的经济学教授比其他学科教授的工资高许多就可以看出来。例如，2006年美国俄克拉何马州立大学年薪最高的是商学院，正教授的平均年薪是154921美元；年薪最低的是农业生命科学学院，正教授的平均年薪只有87727美元。（见 http://blog.sina.com.cn/s/reader_570744d3010009t4.html）在美国其他高校情况也是大致如此，经济学教授的工资普遍比较高。这是什么原因造成的呢？也是供求关系造成的。美国市场经济高度发达，并且发展迅速，对经济学的需求就非常大。而现代经济学的供给呢？由于学习和研究现代经济学对数学的要求非常高，这大大抬高了经济学的进入门坎，造成经济学的供给减少。这就是美国现代经济学“价格”高的根本原因。（其实，这也是中国经济学成为显学的原因之一，只是目前这一原因还不太重要。随着中国现代经济学的供给逐步增加，以及学科发展逐步规范化，进入门坎越来越高，这一原因最终将会成为主要原因。)尽管在美国经济学也算是显学,但是,由于经济学在美国没有像我国那样的供求关系,经济学的显学地位没有我国那样明显。可以预见,未来中国经济学的供给会不断增加,经济学的地位可能会有所下降,但是市场经济也在发展,对经济学的需求也在增加,其显学地位动摇不了。

在目前的中国的社会科学和人文学科中,还存在其他一些显学,比如法学;同时,也存在一些弱势学科,比如文史哲。在理工科中,总体来说应用学科强势于基础学科。所有这些都是供求关系造成的。这里就不作分析了。

在世界学术发展史上,曾经出现过许多显学,比如古代欧洲的哲学,后来因为政治需要而地位上升的历史学(因为政治民主化,今天历史学的地位已经下降)。(参见党国英:《从"哲学帝国主义"到"经济学帝国主义"》,载于《经济学家茶座》总第5辑)在新中国成立以后,有些学科也有沉浮,比如历史学就曾经因为政治的需要一度成为显学。这些显学都是供求关系造成的,也不再进一步分析了。

顺着这个思路,我们可以预测中国下一个显学是什么。中国的经济改革和开放,市场经济的发展,使现代经济学的需求猛增,而供给的发展跟不上需求的增长,造成经济学"价格"高涨,成为显学。那么,未来中国哪一个学科可能会出现需求增长而供给不足的状况?

让我们分析一下中国的政治学。目前,中国的政治学与国际先进水平存在很大的差距。但是由于目前对政治学的需求不足,中国的政治学大体处于供求平衡状态。但是中国会不会出现像经济学那样的爆发式需求而打破这种平衡呢?

经过30年的经济改革,市场经济得到了大发展。但是,我们的政治体制却没有同步改革,目前处于严重滞后的状态。经济体制改革和政治体制改革的严重不平衡,已经对经济的进一步发展造成了障碍,并产生了很多社会矛盾和问题。政治体制改革成为必然。政治体制改革必然使对政治学的需求上升。而由于历史原因和目前体制,中国目前现代政治学的发展比较缓慢,供给不足。所以,一旦政治体制改革展开,政治学肯定会因为供不应求而"价格"上升,成为显学。当然,政治体制改革何时进行、改革的深度和广度又具有偶然性。但是,我们的政治学者必须做好准备,以迎接这一时刻的到来。否则,政治改革开始了,我们的理论却跟不上,那你可要错失机会的。当然,我这里说的政治学是现代政治学,不是传统的政治学,就像以市场化为方向的经济改革需要的是现代经济学,而不是传统的经济学一样。

拿什么反对你：李嘉图PK《谷物法》

许斌 *

海岩的小说《拿什么拯救你，我的爱人》吸引了无数读者。本文的标题显然是模仿之作，并无创新之处。学过国际贸易的读者或许会觉得关于李嘉图和《谷物法》的内容也是耳熟能详，无非是讲比较优势和自由贸易的好处。如果真是这样，那么这样一篇内容缺乏新意，标题有哗众取宠之嫌的文章，岂不是在忽悠《茶座》的"茶客"！

也许是我在"茶坊"里混得久了，脸皮不觉也厚了起来。不管您的想法如何，我先在这里泡上一壶您似曾相识的清茶，您不妨一喝。如果咂出点新味来请叫声好。如果要抱怨也甭怨我，那是"茶坊小二"在 HR 上犯了错。

说到李嘉图，我们尊其为国际贸易学之父。但这是他成名以后获得的尊称，年轻时他就是个炒股票的主。出生在英国伦敦一个富裕的犹太移民家庭，李嘉图的父亲是一位证券经纪人，而李嘉图在少年时就跟随父亲从事证券交易。据说在一次乡村度假中，27 岁的李嘉图阅读了亚当·斯密的《国富论》，从此对经济学产生了浓厚的兴趣。我在中国的超市中见到《国富论》被放在各种畅销书之中时常常发笑。看来我是何其短视，也许在我发笑之时，一个中国未来的"李嘉图"正在孕育而生呢！

英雄是时势造就的。风平浪静之时何来驾驭海浪的舵手？而在风大浪急时有人避之唯恐不及，他们成不了英雄。也有人在风浪中横冲直撞，逞一时之勇，他们很快就被风浪吞噬了，也成不了英雄（或许会被追认为"英雄"？）。能够成为英雄的首先是弄潮儿，有着高超的技巧，拨弄大风大浪于股掌之中。他（她）知道风险带来的收益，也知道伴随风险的成本，总能在风口浪尖上有惊无险地博得大自然给予的最高奖赏。在成者王侯败者寇的历史中，这样的人在英雄榜上会有一席之地。但谁又能成为千古不朽的真正的英雄呢？

李嘉图生活在 19 世纪末 20 世纪初处于世界经济中心的英国。由于工业化和

---

* 作者系中欧国际工商学院经济学和金融学教授。感谢刘瑛对文中部分材料所做的贡献。

人口的增长，英国当时由粮食出口国变为了粮食进口国。在英法战争期间，由于拿破仑对英国实施了封锁政策，致使英国的粮食进口一度中断，并险些为此输掉战争。当1815年英法战争结束时，英国颁布了《谷物法》，规定小麦价格低于每夸脱80先令时不得进口。《谷物法》实施后英国谷价高涨，地租猛增，地主贵族成为主要受益者。与此同时，《谷物法》的实施使工资成本上升，侵蚀了工业利润，因而工业资本家成为受损方。围绕着《谷物法》的存废在英国社会掀起了一场激烈的辩论。

用阶级成分论来分析，李嘉图一定是站在工业资本家这一边的。果不其然，李嘉图站出来反对《谷物法》。怎样让人民大众相信一个代表某个利益集团的经济学家的观点呢？这个经济学家一定不会说我反对《谷物法》因为它损害了我的利益。他一定会说我反对《谷物法》因为它损害了全国人民的利益。怎么证明这一点呢？这就需要技巧。要成为一个好的经济学家，首先需要技巧，能够让人信服地进行合乎逻辑的推理。只会引经据典来吓唬人，说某某伟人曾经怎样说云云，那是不能让人信服的。李嘉图的论证用了这样一个例子：假设英国生产一桶酒需要120个人，生产一匹布需要100个人；而葡萄牙生产一桶酒只需要80个人，生产一匹布只需要90个人。尽管葡萄牙无论在酒的生产上还是在布的生产上效率都比英国高，有绝对优势，但葡萄牙关起门来自己生产酒和布并不划算。如果葡萄牙用生产的酒来交换英国的布，葡萄牙人民将能够获得更多的消费福利。李嘉图用这个例子论证了一个国家可以从国际贸易中获得好处，而且这个好处来源于每个国家都有的比较优势，而不是绝对优势。[①]英国的比较优势在工业品上，所以应该多生产工业品来换取农产品，而不是用《谷物法》来保护英国国内的农业部门。《谷物法》会使英国人民失去可以从自由贸易中获得的好处，所以大家应该和我李嘉图一起反对《谷物法》，这和我李嘉图所代表的阶级利益没有关系。

真的没有关系吗？当然不是。克鲁格曼在其教科书中指出，用特定要素模型描述1817年的英国经济无疑比李嘉图模型更为合适。[②]在李嘉图模型中只有一个生产要素即劳动力。通过国际贸易一个国家所获得的贸易收益分配到了每个劳动力的头上。所以李嘉图模型掩盖了贸易收益背后尖锐的收入分配问题。特定要素模型假设生产农产品不但使用劳动力，而且使用农业特定的生产要素土地；生产工业品不但使用劳动力，而且使用工业特定的生产要素资本（机器）。如果英国废除

① 参见拙文《比较优势和战略优势》，载于《经济学家茶座》，2003年第4期，第63～65页。

② 特定要素模型又称为李嘉图－维纳模型。

《谷物法》,实施自由贸易政策,那么英国的土地所有者会受损,而资本所有者会获益。克鲁格曼认为李嘉图巧妙地选择了一个回避收入分配的模型来表明自己的观点。李嘉图在代表某个集团利益的同时,强调的是整个国家的收益。克鲁格曼称之为“一个聪明的和十足的现代策略”,并称李嘉图为“将经济学理论作为一种政治工具来使用的先驱”(《国际经济学:理论与政策》第六版,中文版第 61 页)。

“茶”喝到这里,似乎已经达到了高潮。熟悉国际贸易理论的“茶客们”一定会说,这是用新杯泡旧茶,让人喝得不过瘾。先别着急,我这里还有最后一道“茶点”。李嘉图模型提出的比较优势概念既出乎意料,又在逻辑之中,不愧为经济学理论的精品。在萨缪尔森遇到数学家尤兰姆“经济学中哪条定理既正确但又不是显而易见”的诘问时,比较优势理论正是萨缪尔森能够想出来的最佳答案。①但是李嘉图模型是一个静态模型,从这个模型中推导出来的贸易收益是经济开放后所能获得的一次性收益。为什么会有这个收益?因为国际贸易改进了资源在全球经济中的配置。如果用大家所熟悉的供求模型来描述,相对于资源最优配置的自由贸易均衡,在贸易保护条件下一个国家的生产和消费都存在扭曲,在供求曲线图中表现为两个称为“无谓损失”的三角形,即“哈勃勒三角形”。顺便提一句,已经八十多岁的哈勃勒教授出席了 2008 年 4 月在南开大学召开的中国留美经济学会年会,就汇率理论作了主题演讲,其思维之清晰和深邃,让人敬佩不已。哈勃勒三角形衡量了取消贸易保护会带来的一次性收益。实证研究表明,这个收益在数值上并不大,例如对美国的研究得出的数值是国民收入的 0.26%,对发展中国家(土耳其、菲律宾和巴西)的研究得出的数值是国民收入的 5%~10%。②

想象一下这样一个场景:李嘉图在反对《谷物法》的演讲中运用比较优势理论讲得头头是道,振振有词,而突然有人站起来指出李嘉图的推理虽然在逻辑上是正确的,但在数值上微不足道,只能给英国带来相当于国民收入 0.5%的收益,李嘉图的雄辩之言将大打折扣。在这场辩论中,李嘉图能否拿出新的招数来出奇制胜?

我的博士论文导师芬德利教授(Ronald Findlay)最早指出了李嘉图在反对《谷物法》时使用了一个动态模型。在《国际经济学手册》第一卷中,芬德利撰写了《贸易模型中的增长和发展》一文。芬德利指出李嘉图在 1815 年所写的《谷物价格下降对股票收益的影响》一文中建立了一个将国际贸易和经济增长联系起来的动态

① 参见拙文《经济学胜在出乎意料》,载于《经济学家茶座》2005 年第 2 期,第 57~60 页。

② 参见克鲁格曼和奥伯斯法尔德《国际经济学:理论与政策》第六版,中文版第 217 页。

模型。在这个模型中,农产品的生产需要投入劳动和土地,工业品的生产只需要投入劳动,而资本是用来雇佣工人的“工资基金”。资本所有者将工资基金投入到农业或工业中去追求最高的利润回报,再将获得的利润用于下一期的生产中。李嘉图假定土地所有者会将地租用于消费,而不会像资本所有者那样将获得的利润用于再投资。在封闭经济条件下,随着工资基金的逐步积累,工业品生产不断扩大,因而工业品价格不断下降,直至利润率等于零从而经济增长归于停滞。而在贸易开放条件下,一个小国所面对的是世界市场价格,这个价格并不会随着该国资本积累和工业部门的扩大而下降。如果该国在工业品上具有比较优势,那么贸易开放会使该国工业品的相对价格提高,从而提高该国工业部门的利润率。由于资本所有者会将盈利投入到下一期的生产中去,因而贸易开放通过提高资本所有者获得的利润为经济增长提供了推动力。值得注意的是,在李嘉图的这个动态模型中,贸易开放所带来的是动态收益;它不同于贸易开放后通过资源配置优化实现的一次性的静态收益,而是指由于世界价格保证了这个开放小国能够持久获利而由此实现的长期收益。当李嘉图亮出这个动态模型后,他的论证变得非常强大。在同《谷物法》的维护者们(其中包括人口论的鼻祖马尔萨斯;后者强调“粮食安全”)的PK中,李嘉图无疑是胜利者。

李嘉图和《谷物法》的故事讲完了。在李嘉图的时代还没有诺贝尔经济学奖,但即使追认李嘉图为诺奖得主也不能彰显其对经济学的巨大贡献。我很喜欢克鲁格曼对李嘉图和《谷物法》之争的评论:“政治和知识进步并不是互不相容的:大约一个半世纪前,《谷物法》就已经被废除了。然而,李嘉图的贸易模型仍然是经济学领域最伟大的成就之一。”①今天的中国和当年的英国一样,处于一个激动人心的变革时代。这个时代呼唤像李嘉图这样的经济学家:他(她)拥有高超的思辨技巧、深邃的洞察力和非凡的勇气弄潮于时代的风口浪尖。但更重要的是,他(她)的思想是顺历史大潮而动的,能够为千千万万的普通民众带来福祉。

---

①《国际经济学:理论与政策》第六版,中文版第61页。

中国人经济学智慧的哲学表达

刘福寿*

国学大师汤一介先生在讨论儒家伦理的现代意义时，有一段设问后的自答，令人耳目一新。他说，儒家经典产生在两千多年以前，两千年离我们有多远？其实没有多远。两千年前人们面临的矛盾，如人与自然、个体与社会、“我”与他人等，今天依然存在；其处理原则虽然有了很大变化，但基本的东西仍然有用。静心一想，很对。

顺着汤先生的思路，我也萌生了一个问题：中国古代哲学离现代西方经济学有多远？认真想一想，结论令人十分惊奇。在前不久写的一篇文章里，我说，对经济学而言，中国或许是一块贫瘠的土地。从古代到近代，一直到现代，都没有产生出属于自己的系统的经济学理论体系（见《中国的经济学亟待中国化》，载于《经济学家茶座》2007 年第 6 辑，总第 32 辑）。但是，说到中国古代哲学，那就不同了，确实令人振奋。它不但影响中国几千年，而且影响到现代西方经济学。可以这样说，从宏观到微观，从理论到应用，从对策到战略，西方经济学好像就没有离开过中国古代哲学。不管是西方人熟悉中国古代哲学也好，还是不谋而合也好，总之是中国古代哲学成了西方经济学的灵魂和方法。这样，中国人的经济学智慧通过哲学作了表达。

我们简单地回顾一下中国古代哲学的基本观点。

西周以远的不说，从西周（公元前 1046～前 771）末年就基本成书的《周易》开始，就把我们引入了哲学的宏大殿堂，比我们今天看到的“兵马俑”还要广阔和深邃。《周易》把宇宙的生成，把世界的事物，进而把人类社会、人的生命，高度抽象地归结为对立的两极——阴阳（即天地或乾坤），把阴阳两极的交合化育，看作是世上万物生生不息的根本原因，即所谓“一阴一阳为之道”。“八卦”则以抽象的符号形式，演绎了世上万物的发展变化规律。《周易》对宇宙观和方法论的把握，与我们今天所说的矛盾的普遍性与特殊性，矛盾的对立统一，矛盾的转化，“物极必反”等

---

* 作者系河北经贸大学教授，现供职于河北传媒学院。

等，基本吻合。别忘了，那是我们的祖先在两千七八百年前就有了的思想啊。

后来，到了春秋战国时期(公元前770~前256)，出现了“一个《周易》，各自表述”的现象。在诸子百家中，两个重要的哲学派别儒家和道家，都继承了《周易》，却沿着不同道路发展。再到后来，佛教传入。在佛教“中国化”的过程中，又吸收了道家的许多思想。这样，《周易》中的哲学思想，就渗透到以儒释道为主体的整个中国传统文化中了。这一影响，就像长江、黄河，千百年地流淌，千百年地滋润着中华民族的精神。

在中国古代哲学中“中和”是一个关键词，是中国古代哲学的精髓，是《周易》所开创的宇宙观、社会观、人生观、伦理观的实质。中国哲学从头至尾，到处都充满着“尚中尚和”思想。宇宙就是两极的对立，可是两极又怎样能够存在，怎样变化出世界万物呢？一切玄奥尽在“中和”中。

所谓中，就是“无过无不及”，实际上就是寻找两极之间的均衡点。比如天平上的支架，力学上的支点，正数和负数之间的“0”，阴电和阳电之间的雷闪，男女之间的爱(或婚姻、家庭)，东西南北之间的中，金木水火之间的土，冬夏之间的春与秋，花瓣之间的蕊，动物之间的食物链，民众之间的国家，国家之间的缔约或战争等等，可以说，世界因为有“中”才得以确立，所以中被赞誉为“中正”、“中道”、“中仁”、“中德”、“中庸”、“中礼”、“中行”等，也才要求人们在处理天人关系、社会关系、家庭关系时“制中”、“用中”。

所谓和，就是“三笙”成“一声”，也就是万物协调共处。孟子曰：“天物之不齐，物之情也”。这里有两层含义，一是同类事物有差别，“同而不继”；二是不同的事物相辅成，共生共荣。这样的世界才会万物和谐，生动多彩，方臻佳境。

“中”与“和”是一个联系在一起的整体，是世间万物的生存状态、变化规律，也是人们处理世间事物的根本原则。一旦人们认识到并且做到中和，那么，世上万物就会各安其位、各得其所，从而繁荣起来，即所谓“致中和，天地位焉，万物育焉”。

难以想象的是，《周易》开创的中国古代哲学，竟然也流经了西方经济学，渗透到了它的表里。而且，“中和”思想实际上构成了现代经济学的思想基础和方法基础。

首先，经济学本身就是关于中和的理论。在定义经济学时，人们往往从两个对立的概念出发，即需求的无限性和资源的稀缺性。然后在这两极之间寻找决策方案：生产什么、生产多少、怎样生产、为谁生产等。生产的两端，一端连着需求，一端连着资源。我们既不可能只顾满足无限需求而不顾资源赋有状况，也不可能只顾

保护资源而不去满足社会需求。所以经济学要做的事，就是在两极之间寻找均衡点。从这个意义上说，可以把经济学简单的定义为“度学”。寻找这个“度”的过程就是折中，寻找到的那个“度”(均衡点，决策的依据)就是“中”。“中”不一定恰在两极的二分之一处，当由具体的时空条件决定，但无论如何这个“中”必然是既能满足社会需求又能符合资源赋有状况的“适度”。经济学所做的一切研究，都是围绕着寻找“适度”展开的。所以，离开折中，离开对“中”的选择，也就没有经济学了。

其次，微观经济学的基本方法是中和。19 世纪末 20 世纪初，马歇尔对经济学进行的“综合”或“革命”，是以均衡理论和均衡方法为基础的，所以，寻找均衡点的坐标图充满了微观经济学的教科书。供给和需求，是微观经济学的支柱概念。有人戏谑说：如果鹦鹉学会了“供给”、“需求”，那么这个鹦鹉就可以称为经济学家了。在一个直角坐标系中，供给曲线和需求曲线的交叉点，形成了一个均衡点，决定了商品的价格和产量。实际上这个均衡点，就是供给和需求两极的“中”点，它既能满足供给的条件，也能满足需求的条件；同时它又是把供给和需求组织到实际生产活动中的纽带，就像爱把男女组织到了一个家庭中。可别小看这个“中”点。它非常伟大，不但决定了生产，还决定了交换、消费、分配，或者说，它决定了整个微观经济活动。在交换、消费、分配中，到处都在寻找自己的“中”点，但那些“中”点，不过是供给需求“中”点的“变脸”。比如说在分配领域，工资水平就是由劳动的供给与需求的“中”点决定的，利润率或利息率就是由资本的供给与需求的“中”点决定的，在消费领域，消费就是货币供给(预算线)与货币需求(无差异曲线)的“中”点(切点)决定的。有人觉得均衡点就是“中”点的说法不好理解，那就让我们改变一下经济学教科书中坐标图的画法，看看效果如何。图 1 是教科书的画法，ox 代表商品量(供求量)，oy 代表商品价格，d 是需求曲线，s 是供给曲线，a 是均衡点，op 是均衡价格，oq 是均衡产量。图 2 是我修改后的画法。我们设 A、B 为两极，分别代表某种商品的供给(A)和需求(B)。为了让供给和需求能够变为现实，我们必须实行“中道而立”，即寻找它们的“中”点。供货商为了多赚钱，他要出了一个很高的价格，我们以 A 为圆心，以他的要价(供给价格)为半径画弧；当然需求者可能给出一个偏低的价格，我们再以 B 点为圆心，以他的出价(需求价格)为半径画弧。如果二者差距过大，不能相交，对立的两极就只能怒目而视，无法合作。但幸运的是，他们都知道“单身汉”的日子不好过，终于走到了一起。我们设它们相交于 C，然后找到 C 点的垂足 O，那么，OC 就是他们都认可的价格高度。随着供求关系的变化，市场行情也会变化，C 点是可以上下、左右移动的。C 点的上下移动，决定了均衡价格的高低;左右移动决定了供、求双方的利益对比关系,是 OA > OB 还是 OA < OB,那就看他们在市场上的运气了。由商品的供求推及交换、消费、分配,整个经济活动实际上都是在寻求“中和”,这就是微观经济学。

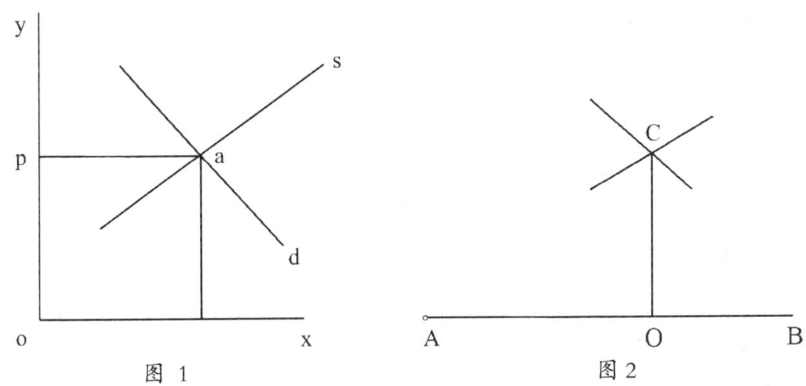

图 1　　图 2

再次,宏观经济学的哲学基础也是“中和”。确定了均衡理论就是“中和”理论以后,对宏观经济学的哲学基础是“中和”这样的结论,就感到自然了。因为在宏观经济学中也和微观经济学一样,无非就是在众多的两极中寻找“中”点,寻求国民经济的平衡发展。比如在国家和市场之间,在总供给和总需求之间,在 GDP 的增长和国民幸福之间,在 GDP 的增长和资源、生态、环境的保护之间,在就业和生产发展之间,在贫富之间,在投资和消费之间,在不同的地区、行业之间,在财政收入和财政支出之间,在货币的供给和货币的需求之间,在政策的松紧之间,在国际贸易的进出口之间等等,都需要用“中和”的力量,来协调宏观经济中各类关系的两极,协调经济发展遇到的各种矛盾。帕累托“最优理论”受到质疑,人们发明了“次优理论”。因为“最优”和“最劣”都是处在对立的两极上,它们只是一种最理想或最不理想的极端状态。而常态往往处在两极中间,所以,“次优”、“再次优”、“再再次优”可能才是现实,才是人们应该追求的真实目标。干脆,我把“次优”、“再次优”、“再再次优”称为“适优”,“适优”就是国民经济的“中和”状态。

最后,在今天的国际经济学中,中和思想被用到了极致。在国际舞台上,大国小国,强国弱国,参差不齐,但每一个国家都有自己的主权,都有自己的民族利益,都有自己的传统文化。因此国家之间的矛盾错综复杂、尖锐激烈。在帝国主义和殖民主义时代,就有人试图独霸世界。在今天,这种老牌的帝国主义和殖民主义已经没有市场了。但是仍然有人想搞霸权主义、强权政治,他们仍然想一家通吃或几家

分吃。他们就不想承认利益的多极化和文化的多元化。他们绞尽脑汁，千方百计地打压别人。弱势国家就不能不起来反抗。比如说，在经贸领域，主要发达国家既是自由贸易的鼓吹者，又是技术壁垒、“标准”壁垒的制造者。两手都使用，两手都很硬。发展中国家不得不据理力争。这在WTO的谈判中表现得十分充分。谈判如果有结果，就是折中，各退半步(到底各退多少，由双方的力量对比决定)，握手言和；如果达不成协议，下次再谈，直至有了双方都认可的“中点”。“中点”越多，世界越和谐。一旦失去中和，令人害怕的制裁、恐怖、危机、战争就要来了。所以，中和是处理国际经济关系，维持正常的国际经济秩序的根本原则。“让世界充满爱”，实际上就是让世界充满中和。

需要说明的是，对中国古代哲学，包括中和，我们只能用其要旨，而不涉及人们对它的个别理解。因为深究起来，它不可能没有它那个时代的褊狭性。毕竟，它诞生的时代离开今天，已经有两千多年之遥了。在现代经济学中，我们能够如此清晰地看到中国古代哲学的影子，这足以说明中国古代哲学的伟大成就和中国人民的光同日月的智慧了。

学者们该怎样解读过去千年间的兴衰变迁协奏?

赵红军*

前一段时间笔者曾写过一篇《美国到底强大在哪里?》的短文,目的在于从经济角度或者人才战略的角度解读了二战以来美国之所以走向强大,并能保持这一强大的主要原因。最近又相继读到了美国国会拟通过提案加强海外高科技人才引进、提升美国长期竞争力的相关新闻,于是本人脑中早已存在的一个宏大问题——造就一国长期兴衰的条件到底是什么——又再次得到了扩展乃至升华。

首先,这个问题是个十分动态的话题,更是个经济、军事、科技、人才甚至文化相互交织的庞大问题,因此,以往任何仅仅从单个方面所进行的解读都有失之偏颇之嫌。而笔者上次仅仅从经济和人才战略角度给"美国到底强大在哪里"的解读也必定会具有一定的视角局限性。

举个例子来说吧,比如有学者就曾运用军事第一、经济第二、文化第三的观念的来解读历史上拜占庭帝国的兴衰。然而熟悉历史上的人就会发现:运用经济、军事、文化是一个比单纯运用或经济或军事或文化更为可靠的也更加具有说服力的视角,但经济、军事和文化相互作用的关系也绝非这种观点所说那么简单。

从表面的时间顺延来看,拜占庭帝国的兴衰似乎印证了军事第一、经济第二、文化第三的说法。因为公元600年,拜占庭帝国就比较强大;公元8世纪的时走向衰落,并失去了它在7世纪时占有的约三分之二的国土。它所剩余的国土还不断地受到了阿拉伯人、保加利亚人的侵扰,甚至多次还面临着忘国灭种的危险。毫无疑问,在如此情景下,其艺术、文学和文化等也就不再风光了。到公元11世纪时,该帝国又逐步走向繁荣,国土逐步恢复,边疆得到了巩固,其影响也拓展到了国土之外,于是经济再次出现繁荣,国库富足,人民安居乐业,艺术和文化也再次出现了繁荣。

然而真正的历史事实却是,公元860年时,拜占庭帝国就已经开始复苏,并逐步摆脱了阿拉伯人的侵略困扰;到公元872年时,拜占庭帝国的军事力量与哈里发皇帝所统治下的阿拉伯帝国的军事力量相比,已朝着拜占庭有利的方向发展;然而其经济上的复苏却比这一军事的复苏来得还要早。在公元810~830年间,拜占庭帝国就已出现了经济、商业、贸易繁荣景象;此外,拜占庭帝国文化复兴也比学者们预计的更加早。公元788年之前,大量的学者、发明家、思想家和作家等就不断地涌现,以

---

*作者系上海财经大学高等研究院博士后流动站博士后,经济学副教授。

至于到了8世纪的最后十年里,这种文化上的繁荣已经走上了其发展的顶峰。这表明,经济、军事和文化是一种比单一视角更好地解读一国兴衰这样动态问题的一个可贵视角,但现实却并没有如军事第一、经济第二、文化第三的说法那样简单。

同样,也有人指出,从长远看,一国的兴衰取决于它能否在长期内保持经济第一,军事第二,文化第三的优势,毕竟有钱才能强军、才能支撑文化的发展。但仅仅从中国的情形看,事实似乎也不是这样简单。比如中国的两宋时期是中国历史上经济、商业以及学术、发明均最为强盛和密集的时期之一。按照道理,这个朝代的经济和商业繁荣必定会带来强大的军事和强大的文化,但从军事实力看,无论是和先前的汉、唐,还是和后起的元、明、清相比,两宋都差了很多;并且两宋的这种经济和科技繁荣也并没有因此而避免被辽金的最终占领。这说明,经济和科技和文化的繁荣也不一定会带来军事的繁荣。

战国时期,秦是军事实力相对较强的一方,并最终依赖这种军事上的优势而统一了六国,并成为中国历史上第一个中央集权制的国家,然而这种军事上的优势也没有因此而顺理成章地转化为经济和科技的繁荣,反而却成了焚书坑儒和苛政猛虎的代表,并最终酿成了中国历史上最短命王朝之一的恶果。这些历史史实不能不令人深思。

也许有学者会解释说,文化是比经济和军事更加深远的因素,因此一定是解释一国兴衰和强大的最重要因素。比如韦伯等人就指出,新教伦理和资本主义精神是造成西欧在14、15世纪以后兴起的根本原因,而这种精神和文化的缺失也正是中国(13世纪以后、印度、伊斯兰世界)从公元6~10世纪以后从世界翘楚走向经济、政治和文化没落的根本原因。然而,同样奇怪的是,中国、印度、伊斯兰虽然没有这种精神,但却在此之前造就了相对于西方长达千年之久的比较优势,而西方虽然早就深受这种宗教和文化的洗礼,但为什么直到中世纪乃至15世纪以后特别是宗教改革之后才爆发出这种流变不息的活力之源呢?更进一步,如果历史的发展果真是如此简单的话,那为什么昔日的荷兰、西班牙都曾出现过短暂的辉煌,但最终却都走向了灰飞烟灭?如果说英格兰是新教伦理和资本主义精神的一个典型代表,但为什么它也会从昔日的"日不落帝国"迈向了今日的没落和颓废?

经济学家和非经济学家们为此曾进行了半个多世纪的努力,曾先后提出了"产权说"、"制度说"、"地理禀赋说"、"文化与意识形态论"、"技术发明论"、"世纪体系论"、"比较经济增长论"等多种解释和假说,也无数次地运用了跨国比较、历史对比、经验对照、数理模型、计量检验、数值模拟等现代与非现代的分析方法,来试图让这场历史演进的宏伟戏剧能够再次登场、重演,然而时至今日,仍没有一种解说能够合情合理地解释和再现世界经济史上千年来的兴衰更迭和变迁的全貌，哪怕仅仅是一个国家、一个地区的兴衰变迁史。

有的经济学家干脆争辩说，像这样的问题也许根本就不是经济学家研究的问题。如果真是这样，那还不如说，经济学家在这个问题上多少有些无能为力；另有一些经济学家则乖巧地辩解说，那是由于经济学家们没有世界经济史上千年来庞大的、可靠的数据库。但这不是掩饰经济学方法分析这类问题局限性的一个聪明的举动。

毕竟，残酷的现实正在考验着经济学家与非经济学家的智力。因为无论是从哪一个角度来看，无论经济学家还是非经济学家也许都无法否认这样的事实，即世界经济千年史上的变迁绝非任何单一的视角和模式就能完满地得到解读，相反，它则是一部经济、军事、文化、政治相互交织、相互作用的四重甚至五重协奏曲。

谁是其中的指挥？这是最常见的问题。经济学家说是经济，军事学家说是军事，政治学家说是政治，文化人类学家说当然是文化。一句话，“公说公有理，婆说婆有理”。

然而现实也许是，公婆都有理，但都不完全对。但不知道是什么原因，大家都相互争辩说只有自己才是最对的，而别人则简直是乱弹琴。

记得西方一位伟大的历史学家、社会学家 Michael Mann 曾说过，考察世界千年史上的变迁，人们也许只能分清楚这样的事实，即军事、经济、政府、意识形态（文化）是其中不可或缺的四个主要的音阶，但其相互关系怎样、内部结构如何却会随着时间、国度的不同而不同。在欧洲向现代化前进的过程中，可能是文化起到了比较重要的作用，然而同样的逻辑却并不适合于中世纪以前的欧洲以及其他国家；在 14 世纪以前，中国的封建统治造就了高于世界其他地区的军事、经济和文化优势，然而到此后这样的逻辑却不再奏效；在拜占庭帝国，在 8 世纪以前，它运行的是一种军事第一、经济第二和文化第三的关系结构，但到了此后，这样的逻辑却不一定凑效。在印度、在伊斯兰也是如此，在某个历史时期能带来辉煌的政治、经济、军事关系到了另外一个时期也变得捉摸不定。

因此，公正地说，在世界历史的演进当中，也许存在着类似甚至相同的音符，但由此谱写出来的乐曲却有千首万首。

在社会科学以往的发展进程中，学者们总是试图发展自己的一套理论并总是企图证明自己理论超越国度、超越时间的普适性，然而这样的努力在千年变迁的宏伟画卷面前却总是显得有些底气不足。作为经济学家、历史学家、社会学家、政治学家、文化人类学家们的我们，到底是放弃掉学科的偏见，共同破解这个千年史谜题呢，还是相互辩解，不断地塑造自己学科的独一无二呢？

经济学方法中的"合成"与"分解"之误

李仁君*

"合成"与"分解"之误，就是指"合成谬误"与"分解谬误"。前者是在经济学课堂教学中讲到经济学方法时经常提到的一个命题，它出自美国当代著名的经济学家萨缪尔森的畅销教科书《经济学》(第十四版)。而后者则是本文提出来的对应于"合成谬误"的另一种不同谬误，即"分解谬误"。

萨缪尔森在《经济学》第一章指出：对于部分来说是对的事情，误认为对于整体来说也是对的，这一错误就是"合成谬误"。这一命题强调的是与亚当·斯密"看不见的手"不同的含义，即"在社会经济生活中或日常生活中，对个体来讲是正确的事物、事情，对总体来讲则不一定正确"。其原因在于："对个体来说是正确的"结论的取得是存在前提条件的，而这一前提条件在总体情况下却不一定也存在。正是由于前提条件的不同，所以，我们在分析"总体"事物或现象时要小心谨慎，不能简单地将"个体"分析中所得到的结论照搬过来。

经济生活中会经常出现"合成谬误"问题。比如：

1. 储蓄的悖论。个人在生活中极其简朴是一种美德，但是如果大家都这样的话，特别是在经济萧条时都试图多储蓄一些，从总体来看就变成了坏事，因为社会的总需求将会严重不足，导致经济的更加萧条。所以，就有了刺激内需的政策。

2. 通胀的悖论。如果一个人获得了更多的货币，那么对他来说是一件好事，因为他比以前更有钱了。但是，如果每个人都获得了更多的货币，那么没有一个人的境况会变好，因为大家都有更多的钱了，物价就会飞涨，大家的境况会变得更糟。所以就有了稳健的货币政策。

3. 贸易保护的悖论。一个国家为了自己国家生产者的利益实行贸易保护政策，可能会得到一些好处。但是，当其他的国家也纷纷实行贸易保护政策的话，国际贸易就会受到极大的影响，从而损害所有国家的利益。所以就有了关贸总协定，再到世界贸易组织。

---

* 作者系华南师范大学理论经济学博士后流动站研究人员，海南大学经济学院教授。

4. 谷贱伤农的悖论。如果一个农民的农作物在某一年获得大丰收，这对他来说是的确是令他高兴的一件好事。但是，当所有的农民在当年都获得了大丰收，那么，就变成了坏事。因为农民们的总收入会因为农产品价格的暴跌反而下降。所以，就有了农业保护政策。

5. 插队的悖论。为了个人的便利在很多场合不自觉排队而去插队，这对插队者来说，如果插队成功可以给自己带来好处。但是，如果每个人都这样想这样做，谁都不会成功插队，而是挤成一团乱成一团。结果是大家都受损害，因为本来有秩序的情况下只需十分钟的事情，可能变成了混乱的二十分钟甚至三十分钟。所以，就有了针对文化反思的素质教育。

以上种种例子说明，萨缪尔森提出的"合成谬误"，对于人们在经济思维中避免犯错误是很有现实意义的。考虑到"合成"只是思维方法的一种，如果考虑到其对应的思维方法"分解"，是否也存在类似的情况呢？本文恰恰就是要提出另一个在经济思维中需要注意的"分解谬误"。

"分解谬误"强调的是，在思维方法上，"将一个问题的整体分解为几个局部，虽然可以使问题简化，但往往也会造成谬误"。这就如盲人摸象。四个盲人不能目睹大象的全貌，只能通过摸象来感知。这种通过由整体到局部的分解虽然让盲人感知了大象，但却难免不以偏概全。摸了象身的盲人认定大象原来像一堵墙；摸了象牙的盲人坚信大象像圆滑的棍子；摸着象腿的盲人坚持大象像柱子；而摸着象尾的盲人则声称大象像根粗绳子。而实际上，对大像的全面感知必须把四个盲人的感知加以合成才能形成。

通过分解使问题得以简化这一方法在经济学上的应用最先体现在亚当·斯密的分工理论上。亚当·斯密在《国富论》中把"分工"作为讨论的开篇，并将资本主义兴起的原因或者说国家富裕的动因总结为"劳动生产力上最大的增进，以及运用劳动时所表现的更大的熟练、技巧和判断力，似乎都是分工的结果"。在亚当·斯密看来，分工带来生产效率的提高在于三个方面："第一，劳动者的技巧因业专而日进；第二，由一种工作转到另一种工作，通常须损失不少时间，有了分工，就可以免除这种损失；第三，许多简化劳动和缩减劳动的机械的发明，使一个人能够做许多人的工作。"

亚当·斯密还举了一个很经典的扣针制造业的例子。"一个人抽铁线，一个人拉直，一个人切截，一个人削尖线的一端，一个人磨另一端，以便装上圆头。要做圆头，就需要有两三种不同的操作。装圆头，涂白色，乃至包装，都是专门的职业。这样，扣针的制造分为十八种操作。有些工厂，这十八种操作，分由十八个专门工人担任。固然，有时一人也兼任两三门。”

分工使劳动者的专门化成为必然。“一个劳动者，如果对于这职业（分工的结果，使扣针的制造成为一种专门职业）没有受过相当训练，又不知怎样使用这职业上的机械（使这种机械有发明的可能的，恐怕也是分工的结果），那么纵使竭力工作，也许一天也制造不出一枚扣针，要做二十枚，当然是不可能了。但按照现在经营的方法，不但这种作业全部已经成为专门职业，而且这种职业分成若干部门，其中有大多数也同样成为专门职业”。

亚当·斯密也许过分关注于分工带来的巨大收益，而无视任何分工背后的分解过程所造成的负面效应。马克思在对分工问题的理解上，就明显高于斯密。马克思不仅更详尽地分析了分工推动劳动生产力的发展，而且更加注重了分工所造成的人与人之间关系的变化。突出表现在，马克思对分工引起的生产关系的变迁，通过“局部工人”这一概念揭示了劳动隶属于资本的程度随着分工的深化而加深的趋势。

按照马克思的分析，人的畸形发展是与社会分工相联系的。社会分工越来越细，人的畸形发展也日趋严重。工场手工业把生产分成不同的工序，工人的劳动被局限在一定的范围，从而压抑了工人的多种多样的生产志趣和生产才能，人为地培植了工人片面的技巧。资本主义大工业更加重了人的畸形发展，工人成了机器的附属品，成为局部机器的一部分，这种机械劳动损害了工人的神经，严重摧残了工人的体力和智力。不仅如此，这种分工也带来了剥削阶级的畸形发展，使他们在肉体上和精神上片面发展。因此，马克思主义认为，在商品经济的社会里，人是受分工支配的，分工使人成为片面发展的畸形物。

“分解谬误”提醒我们，当我们通过分解使问题得以简化时，不能无视“分解”造成的负面后果。比如，我们国家由传统体制转型为市场体制，这是一个千头万绪的复杂工程。改革之初，我国采用渐进改革就是一种“分解”，通过这种“分解”，经济体制改革先行，政治体制改革跟进；农村改革先行，城市改革跟进。这种“分解”无疑减少了改革的摩擦，降低了改革的成本，但是另一方面“分解谬误”也告诉我们，改革不能永远处于孤军深入的状态，改革也要整体推进，相互配套，否则，“分解谬误”就会产生，改革的成果就有可能被“窒息”。因此，我国的体制改革是到了方方面面齐头并进的“整体改革”时候了。

积分卡的诱惑与顾客价值

荆林波*

周末去复兴门百盛购物的顾客,都有这样的经历:还没有跨入商场大门,就被众多的换卡黄牛不断问:"换卡吗?优惠!"泛滥的各类卡多少与公款消费、公关送礼等有关。抛开这些不谈,聊聊积分卡的魅力所在。

上世纪80年代初期,美国便有所谓的"接触管理"(Contact Management),专门收集客户与公司联系的所有信息。从90年代中后期开始,层出不穷的积分卡逐步蔓延到我国的大中城市,充斥了人们的钱夹。

积分卡对于商家而言,在于吸引回头客,培养忠诚的顾客群。营销大师们研究认为,忠诚顾客可以为企业带来更多的利润;忠诚顾客对他人的影响,可以为企业带来新的顾客,增加市场份额;听取忠诚顾客的意见和建议可以为企业改进和提高管理水平和产品或服务质量;借助忠诚顾客的影响有助于企业化解不满顾客的抱怨或投诉;培养并扩大忠诚顾客的队伍有助于提高企业的竞争力,促进企业长期卓越的发展。美国学者Girard and Brown早在1977年就指出,当一个顾客由于不满意离去,企业失去的不仅仅是一个顾客,而是至少250个潜在顾客和客户的联系。

尤其是,可以通过顾客使用积分卡获取大量的交易信息,从中进行数据挖掘,分析经常光顾客人的消费特征,了解顾客对品类的关注和对品牌的偏好,从而可以调整货品的摆设,比如,最经典的案例,就是把啤酒与尿不湿放在相邻的货架,以方便购买尿不湿的男性顾客顺手购买自己偏好的啤酒,同时,可以通过调整货品的价格,吸引价格敏感性的顾客,为了图便宜或者为了更多的积分而更多地采购物品。

根据国际数据集团的调查,估计全球客户关系管理(CRM)市场保持每年40%的成长率,从1998年的19亿美元增长到2003年的110亿美元。最乐观的估计来自META Group公司,他们认为到2004年的CRM销售量达到670亿美元,未来

---

*作者系中国社会科学院财贸所研究员。

CRM 的投入将超过企业资源计划(ERP)。

“购物狂”们可能都有这样的经历:在三番五次的买 200 元返 40 元、再满 200 元返 50 元等游戏中,自己购买了足够多的“多余的”物品。当然,顾客在花费了更多的货币的时候,得到了购物的狂热体验、占有物品的满足,甚至是刷卡的“快感”,抑或满足积分卡的“升级换代”,从一般的积分卡顾客升级为银卡、金卡甚至白金卡等等不同级别的顾客。

然而,顾客积分卡“升级换代”并非易事,需要跨越商家的种种克扣条款。比如,某购物中心规定,持贵宾卡消费服饰类商品全年累计金额达 3 万元以上者(家电、超市、黄金珠宝、钟表、手机、健身器材、家居用品、工艺品、奢侈品除外),可晋升为贵宾服务卡会员;持贵宾卡消费服饰类商品全年累计金额达 5 万元以上者(家电、超市、黄金珠宝、钟表、手机、健身器材、家居用品、工艺品、奢侈品除外),可晋升为贵宾银卡会员;持贵宾银卡消费服饰类商品全年累计金额达 10 万元以上者(家电、超市、黄金珠宝、钟表、手机、健身器材、家居用品、工艺品、奢侈品除外),可晋升为贵宾金卡会员。当然,在积分卡的刺激下,某“85 后”妹妹一次消费 12 万元,荣升为贵宾金卡会员,成为当今商界的“谈资”。

升级已经不容易,顾客还需要为“保级”努力。比如,按照飞行里程与飞行航段累积额的不同,“国航知音”贵宾会员分为三个等级:银卡会员、金卡会员、白金卡会员。保持贵宾会员资格的标准为：银卡会员定级里程累计达到3.5万公里或航段累计达到27个；金卡会员定级里程累计达到7万公里或航段累计达到45个；白金卡会员定级里程累计达到14.5万公里或航段累计达到80个。许多人恐怕好不容易熬到了银卡，接下来一年不努力“飞”，又会倒退回蓝卡（普通知音卡）。2006年去台湾参加两岸经济学家交流活动时，我注意到中国社会科学院数技经所所长汪同三研究员持有白金卡，非常难得，而金融所所长李扬研究员的金卡每年能给儿子得到英国的往返机票。

商家利用各种绑定业务，不断拓展积分的领域。比如，“国航知音”招商信用卡的特色在于：第一，一卡双币，全球通用。国航知音信用卡在境内、境外都可方便使用，使用网络遍及世界200多个国家和地区，境外的每一笔消费可以用人民币偿还，真正做到一卡在手，通用全球。第二，两卡合一，里程累积。国航知音信用卡既是国航知音会员卡，又是招商银行信用卡。除通过搭乘国航班机累积里程外，使用国航知音信用卡消费或预借现金也同样可以累积里程。持卡人刷卡消费（房地产、汽车销售、批发等商户消费不参加里程累积）或预借现金，均可累积国航知音奖励里程，每达到18元人民币或2美元累积1公里。刷卡越多，回馈的里程越多！

积分卡对于消费者好比吃鸦片，会慢慢上瘾。有一段时间，招商银行推出连续刷卡一周积分翻番的促销措施，我自己心里直痒痒。后来，我强迫自己连续两个月每天刷卡，体验其中的甘苦，不是为了积分，而是为了考验自己的持续耐力。能够坚持下来，非常不易。

积分卡的持有人也常常受到商家游戏规则的侵害，至少包括如下四类：

第一类是积分过期无效。辛辛苦苦攒的积分有可能，由于商家游戏规则的改变而无法兑现。最常见的是“过期无效”，所以，顾客要常常关注自己的积分有效期。当然，最聪明的商家是采取积分终身有效的制度，以吸引顾客。比如，我最近带团队去香港，在办理入住Holiday Inn手续的同时，服务人员就推荐加入某个会员俱乐部，积分终身有效。当天晚上，服务员就把会员卡交到客人手中，效率非常高。

第二类是兑换积分中的诸多限制。要想把积累的积分兑换礼物，顾客每每遇到各种限制。比如，兑换的货品受到种类的限制，多个积分卡的同类积分不能共享。

第三类是降低了持卡人的服务水平。比如，国航加入了星空联盟，对于银卡的持卡人，无法像过去那样到贵宾休息室休息，如果要享受贵宾服务，那么，必须要扣掉1200公里的积分。我曾经多次见到国航银卡的持有人与服务员理论。由此可

见，正如需求层次理论所言，当需求无法满足，受到挫折（regression）的时候，那种焦虑甚至愤怒的情感，的确值得商家反思自己做法的合理性。

第四类是积分能否记入的问题。比如，购物没有携带积分卡，保留消费小票，能否下次补入积分。大多数商场的规定是即日有效，过时不补。也有的商场比较仁慈，可以过期补录。现在越来越多的商场开始考虑，不携带积分卡，只要报自己的姓名或者手机号即可录入积分。日益便利的积分管理方法，给消费者带来了极大的满足。

第五类是商家“出卖”积分卡持有人的信息。由于我国保护个人信息数据的相关法律尚待完善，由此带来的问题是商家漠视顾客的隐私，为了自己的利益，而把顾客资料进行交易，其结果是顾客手机不断受到各类推销电话的骚扰。

随着积分卡的品类日益增多，消费者的钱包苦不堪言，而商家如果要自己开发积分卡，也遇到了诸多不便。所以，随之而来的是第三方的积分卡服务机构。比如，北京商业服务业通用积分卡由北京资和信担保集团旗下商服通网络科技有限公司及其合作特约商户共同发行和管理，到目前为止，商通卡已建立了涵盖包括30余家大型百货商场以及超市、餐饮、健身、体检、医疗、美容等300余家商户的商通卡服务网络。良好的服务平台聚揽了大量优质的团体客户。持卡人可在所有合作商户刷卡消费，并同等享受不同程度的优惠及会员服务。商通卡拓展了持卡人的消费渠道，系统地解决机关、企事业单位招待、礼品的需求，赢得了广泛的好评。而到2007年，由北京资和信集团出资兴建资和信百货商场有限公司，自己也开始涉足终端服务。

眼下网络交易的不断扩大，网络上的各类积分成为一个新的热点。2007年12月底，使用网络购物的网民比例为22.1%，总人数约4641万人。如此众多的购物者，面对各类争夺眼球的商家以及各种积分的诱惑，形成了一个庞大的链条，衍生出各种U币。比如，要获取U币的常见方式，无外乎发帖、贡献值、奖励等，甚至可以将你手头上的U币存进社区银行，产生利息。有的网站则推出顾客通过银行卡、固定电话、手机等方式预付来换取U币，用于购买增值服务以及付费产品。许多网站规定U币为虚拟货币，无法兑换成人民币，但是，网民们私下交换的并不少，最极端的事例是某网民为了U币积分铤而走险，谋财害命。

总之，积分卡好比货币有正反面，有利的一面在于增加顾客的忠诚度，进而提升顾客的满意度，不利的一面在于滥用商家权力，损害顾客的利益。如何充分发挥积分卡的积极作用，防止积分卡消极作用的出现是每个商家必须思考的问题。

起来，不愿做房奴的人们

詹宇波 *

乍一看，本文的标题很有几分煽动性，联系起前段时间被各大媒体广泛渲染的，南方某大城市有购房者在房价下跌后拒绝偿还按揭贷款，这篇文章似乎是在号召众人拾柴，火上浇油。这真是个天大的误会，其实我取这个题目不过为了讨个噱头而已，本文的主旨十分和谐，各位看官往下读了便知。

上个月，一位在海外执教的华裔经济学者来我校做学术报告，其间对当前的中国经济表现提出了一些疑虑，其中的一个方面就是中国的房价。让这位学者百思不得其解的是，以上海房价为例，购房价格比租房价格高那么多，为什么众人弃相对便宜的租房而不顾，趋之若鹜地跑去买房，心甘情愿做房奴呢？他建议说，租房者可以和房东签个长期合同，比如说十年，然后投资一笔钱，按自己的意愿装修一下，长期住下去，这样岂不甚好？在我听来，这个观点不啻向房奴们或潜在的房奴们吹响号角：起来，不愿做房奴的人们，租房去！

到底是买房还是租房，其实这在国内已经是个老生常谈的话题，各种观点皆已备矣，原不容我再行置喙。只是觉得诸如消费习惯说、市场不完善说和投机说等观点虽然都有道理，但总不能让我形成一个有说服力的完整逻辑，于是心存遗憾至今。所幸者，前几日读书时，看到作者引用的一个新制度经济学经典案例，突然联想到那位华裔学者的困惑，便找来刊载这个案例的原文仔细阅读，细思之后居然觉得豁然开朗，于是写下了这篇文字。

说起这个案例，国内经济学界其实并不陌生，它就是1926年通用汽车公司收购费雪公司，完成的那次纵向一体化。在发生这次并购的半个世纪后，克莱因、克劳福德和阿尔奇安等三位经济学家将其纳入了他们的论文《纵向一体化、特供租金和竞争性订约》，并发表在1978年10月份的《法和经济学杂志》上，此后成为讨论企业边界问题方面的一篇经典论文。[①]实际上，这篇文章当中包含的并非只有这

---

* 作者系上海大学国际工商与管理学院经济系讲师。

① Klein, Benjamin., Robert G. Crawford and Armen A. Alchian, 1978, Vertical Integration, Appropriable Rents, and the Competitive Contracting Process, Journal of Law and Economics, Vol. 21, No. 2, p. 297 ~ 326.

一个案例，而且该文对所涉主旨的讨论也远非终结性的，[①]但是直到今日，在谈及纵向一体化时，1926年的"通用—费雪"并购无疑是最为广泛引用的案例。

尽管不少读者对这个案例已经耳熟能详，更有不少学界前辈是此方面的专家耆宿，但为了使后面的分析不至于显得突兀，我仍愿意对事件发生的经过赘言一二。1920年前后，美国正面临汽车制造工艺与对汽车的供给和需求发生重大转变之时。1919年以前，汽车车身的制造并非像我们现在看到的那样作为一个整体来完成，而是拼装式的。而且，那时的车身有很多木制元件。到了1919年，汽车制造工艺发生了改变，制造商们开始普遍采用整体式金属车身。这样一来，汽车制造商就希望原先的车身元件供应商能够投资制造整体金属车身的专用型资产，对于通用公司而言，这一希望落在了费雪公司的身上。

众所周知，投资专用型资产可能产生的一个问题是"套牢"，即面临冲击时，由于无法将专用型资产转作生产其他产品而导致的沉没成本，此时专用型资产的投资者在市场上就将处于十分不利的谈判地位。因为这个原因，专用型资产可能出现投资不足。为了给费雪公司吃个定心丸，通用公司于1919年与费雪公司签订了一份长达十年的合同，商定在此期间，通用公司所需的所有整体式车身均从费雪公司购入，价格方面则按照成本加成法，在成本上加上17.6%的比例。此外还包括了一些当时双方能够想到的其他条款。这样一来，费雪公司一旦作了这个专用型投资之后，就能够得以避免被通用公司低价"敲诈"的"套牢"困境。

如果这种局面一直维持下去，那么后来的纵向一体化也不会发生，这份合同所约束的也不过是一个普通的市场交易行为。但是，正如不完全契约理论告诉我们的，合约的制订从来就不可能是完备的，时间的推移和市场因素的变化经常让事前的约定失去应有的约束力，甚至颠覆合约签订之初的谈判格局。合约签订后的数年内，美国汽车市场发生了重大变化，汽车需求大幅上升，从而汽车制造商们对整体式车身的需求也急剧增加。根据文中引用的通用汽车公司在1924年12月31日公布的年报，当年整体式车身在通用汽车的生产中的使用比例达到了65%，当然，这所有的整体式车身均由费雪公司提供。此时，通用公司开始对事前商定的车身价格不满意了，因为固定的合同价格使得通用享受不到生产规模扩张时带来的规模经济，之前给费雪公司吃下去的定心丸现在变成了通用公司头上的紧箍

① 例如，哈特和莫尔(1990)就继续了对这个问题的讨论，他们列举了一艘同时配备驾驶员和厨师的游艇的例子，两人都具备一定的专用型资产。他们认为，关于这艘游艇的最有效率的产权归属最终将由两人各自拥有的专用型资产的重要程度来决定。

咒。卖方垄断地位的加强让费雪公司可以坐享从通用那里得到的“特供租金”。

为了改变这个局面，通用公司可谓绞尽脑汁。它最先想到的办法是以提高生产效率为名，让费雪公司在毗邻通用公司的地方设厂。这样一来，由于费雪公司追加了专用型资产的投资，两者之间的谈判地位就有望朝着对通用有利的方向转变。但是，费雪明智地拒绝了通用的要求。无奈之下，通用公司于1926年高价收购了费雪公司，通过一体化的模式消除了这个紧套在头上的魔咒。

案例梗概如上所述，为了弄明白该案例与本文讨论的主题之间的关系，我们提请读者注意以下几点：第一，作为上游厂商，费雪公司提供的车身是一种中间产品，这种中间产品可以通过市场交易或一体化这两种方式获得；第二，专用型资产的投资将会因为套牢问题的存在而得到负面的激励；第三，市场因素的变化会增加合约行为的不确定性，合约本身的不完全性对这种不确定性缺乏相应的约束力。明确了这样几点，我们就可以对中国的房地产市场中的购房和租房行为来进行分析了。

首先我们来看房产需求方的行为。需要注意的是，这里所说的房产需求方对房产的需求动机是用于居住，那些将房产用于转卖转租、投资生财者不在此列。假定需求方对房产的偏好可分为两个层次：其一是安全性，即既可遮风避雨，又具备一定的稳定性，不至时常流离失所。就稳定性这一点而言，安全性与居住时间成正比。其二是舒适性，指屋内的布置和摆设皆如己意，可自由设定。与安全性比较起来，这是一个更高层次的需求，而且随着居住时间的增加而显得更为重要。安全性和舒适性越高的房产，越能得到需求者的青睐。当然，需求者的消费选择受到来自他的收入预算方面的约束，既可以在预算一定的前提下最大化其效用，也可以在可供选择的方案效用相同的情况下最小化支出。

要满足其居住要求，提供给需求方的备择方案有两个：一是买房；一是租房。目前中国的房产商提供的绝大多数房产均为毛坯房，精装修房少之又少。想必大多数人都见识过毛坯房里阴沉的水泥地面、刺鼻的水泥酸味、伸手一抹满手粉尘的白石灰墙（有些连白石灰都没有），加上最最简陋的照明设备和厨卫设施，这一切连居住者入住后的日常生活需求都无法满足，更不用说满足其个性化需求了。因此，我们可以将当前绝大多数一手房房产定义为中间产品，如果要使其成为可供居住者最后消费的最终产品，仍须对其进行进一步的加工，即装修。家居装修最大的特点是满足了使用者的居住偏好，因此我们认为这是一个典型的专用型资产的投资。

另一方面，供出租的房子多半设施齐全，基本上可供租房者直接居住。从这个意义上而言，它在部分程度上是一种产成品。将其称之为部分程度的产成品的原因在于出租房很难恰好满足租房者的个人偏好。如果租房者对这种个人偏好比较看重，那么他仍须对房屋进行重新整修，此时出租房又成了一种半成品，而整修花费的成本依旧是专用型资产投资。

就租房和买房两种行为而言，我们将租房看成是一个市场合约签订和执行的过程，其中有两点需要强调：一是考虑到出租方最小化出租成本的要求，很难想象出租方会按照租借方的舒适性偏好来改造房屋；二是如同通用公司在签订合约后遇到的情况那样，出租方和租借方都需要做好面对市场变化的准备，这在一定程度上影响了安全性。而买房则是一个一体化的行为，其作用体现在：一方面在购房后，购房者固化了未来房产市场的风险，房产市场的变化与购房者无关，从而可以最大限度地享受安全性；另一方面，购房者可以按照自己的意愿使用房屋，必要时可以自由变更，这就满足了房产需求方的舒适性需求。由于买房能够提供比租房更高的安全性和舒适性，因此买房的成本必然要高于租房的成本。总而言之，房屋需求者是选择买房还是租房，最终将综合安全性、舒适性和所费成本这三方面来考虑。

下面我们来刻画一个满足安全性和舒适性偏好的房屋需求者的行为。根据之前定义的偏好层次，这位初来乍到，在大都市中无立锥之地的房屋需求者最先考虑的是安全性。此时对他来说最佳的选择是租房。由于安全性将随着居住时间的延长而增强，因此租房者总是希望租借的时间越长越好。而这么一来，他对房屋使用的个人偏好会进一步加强，从而产生专用型资产投资的需求。如果我们设定的这个偏好层次的变迁是合理的，那么这个时候可否像本文开篇提到的那位经济学者说的那样，签个十年的合同，然后自己花钱装修一下，这样就太太平平，相安无事了呢？十分遗憾，通用和费雪的案例告诉我们，这个方法未必可行。

毫无疑问，为了更好地满足舒适性偏好，租房者最好能够对租借的房屋按照自己的喜好重新整修一番。但是，考虑到个体之间的异质性，这一投资带有明显的专用型特征，更重要的是，这是一种沉没成本。也就是说，一旦合约终止，租房者按照自己偏好布置房屋的成本既无法收回，也无法带到下一处租用的房产继续使用。这样一来，未来如果出现出租者以这种或那种理由抬高租房价格，租房者顾及到自己的专用型投资，在谈判之前气势便已弱了三分，最后的结局多半是以接受房东的涨价而告终。事实上，以笔者从一些朋友租房的经验所得知的消息，单单是考虑到重新找房子带来的搜寻成本和讨价还价成本，大多数人就已经高举白旗，接受房东“敲竹杠”式的涨价，更不必说如果后期还追加了投资的情形。

进一步考虑，这里的搜寻成本和讨价还价成本同样可以用专用型资产投资来解释。当初租下现在的房子时，肯定包含有诸如周边环境、上班距离远近、交通便利程度等个人偏好的因素，一旦改变就意味着其中的一个或几个因素有所变化，从而造成租房者的福利损失。

从宏观上来看，中国租房市场的现状则进一步加剧了出于安全性和舒适性的专用型资产投资本身导致对租房行为的负激励。国内当前的房屋出租大多为个人行为，租借房屋需要与房东个人单独谈判。房东行为的不确定性使得他们很少愿意与租房者签订长期合同，从而严重影响了租房者居住的安全性。有的房东甚至以变更房屋用途，比如要改作自用等理由提前终止与租房者的合约。此外，作为个人的房屋出租者在房屋内部设施以及维修方面的投入也显得不足，这就无法满足租房者的舒适性需求。而在发达国家，出租房经常由租房公司大批量提供，房屋内部设施实现标准化，可以签订长期的租房合同，而且有专门的法律法规为之提供保障。这种规范化的租房市场虽然不能完全满足人们对于居住的安全性和舒适性的需求，从而完全替代掉购房行为，但无疑能够在相当程度上为租房行为提供便利和保障。

总言之，选择买房还是租房实际上是房屋需求者在合约交易模式和一体化模式之间的选择。如果租房市场上进行专用型资本投资的风险越大，无法满足租房者的舒适性需求，或者频繁变更合约影响租房者享受到的安全性，那么房屋需求者便会倾向于选择购房。当然，如果房价持续上升，那么房屋需求者将会逐渐倾向于选择租房。换句话说，国人更多地选择购房而非租房的原因可能来自于两个方面，一是租房市场的不规范，另一方面则是房价还没有高到让人们只能选择租房的程度。

如同号召中国民众去租房的那位华裔学者那样，不少海外人士经常对中国经济转轨历程中的一些事情表示不可理解，因为那些事情显然是无法直接运用标准的经济理论来解释，或者根据以往经验，在西方市场经济史中找到对应的解决方案。我们无法断言那么多中国人选择做房奴是合理的，但是至少可以说，在当前的约束条件下，中国人选择做房奴有着自己的道理。要改变这一点，“非左即右”式的简单建言恐怕不易奏效，套用《利息理论》一书的作者费雪在开篇描述收入时所说的，也需要牵涉到一连串事情。

再论置书占座与先到先得

陈骥*

在大学里,想去图书馆上自习的人较多,而座位却较少。于是,就有人离开图书馆时,在桌子上放一本书,表示这位子有人了。这个办法看起来很好,因为只要大家都遵循这个规则,那么就可以保证下次再来的时候自己就不用跑来跑去到处找座位了。于是,有了第一个,马上就有了第二个、第三个,如此下去,一传十、十传百、百传千,最后就流行起来了。发展到最后,一到吃饭时间,整个图书馆自习室白花花一片,一个人也没有,全是书。

大学生都是聪明人,于是很快就有人将这个办法推广到教室当中。在大学教室中,有两种座位是最为抢手的。一种是前三排的座位,这种座位是很多热心学习想好好听讲的学生最喜欢的;另一种是后三排的座位,这种座位是很多不想好好听讲想做自己的事情的学生最喜欢的(很多学校和老师都有点名的做法)。对于学生们的这种心态,很多老师也是很清楚的,大家心知肚明,心照不宣。于是,在教室这种总体上座位供大于求的环境中,仍然会发生置书占座的现象,而且通常是前三排和后三排。

再后来,这个办法就推广到了食堂当中。在很多学校中,中午和晚上下课的时间很集中。这样一来,在较短的时间内,就聚集了很多人,从而使食堂就餐的座位一下子紧张起来。于是,就有人想到置书占座或者置包占座。这样一来,整个食堂大约有三分之一的座位是被书或者包占据的,同时有很多人不得不将饭菜打包带走,到别的地方去吃。

我想置书占座这个方法可能还可以推广到其他很多稀缺资源的无偿占用的领域,只不过在大学中反映得比较典型。

朱锡庆老师认为,实际中被采用的游戏规则,往往是租值耗散加执行成本加利用率损失三项之和达到最小的。朱老师主要比较了置书占座和先到先得这两种方法,并认为置书占座比先到先得的租值耗散小,利用率损失大,两者都有执行成本。实际中被采用的游戏规则,既不是租值耗散最小的,也不是执行成本最低的,或者被分配物利用率损失最小的,而是三项之和,即租值耗散加执行成本加利用率损失,达到最小的游戏规则。

接下来,我们就分别比较一下置书占座和先到先得这两种方法的租值耗散、

---

* 作者系浙江工商大学统计学院教师、博士研究生。

执行成本和利用率损失的大小。我们的观点与朱锡庆老师并不相同。

我们首先来看租值耗散。以教室占座为例，朱锡庆老师认为，如果实行的是先到先得，那么为了赶在他人面前占到座位，你就必须比他人提前去教室。问题是，他人有适应性行为，你提前10分钟到，他人可能提前15分钟到。如此一来，就把很多时间消耗在占座位上了。占座位的消耗只影响座位的分配，完全没有生产性，不带来财富增量，此即张五常教授所说的“租值耗散”。如果实行的是置书占座，就可以节约比上课时间提前去教室占座位所浪费的时间，转而用于其他方面，或休息或看书，福祉就得以增进。而我的问题是，如果实行的是置书占座，那么他人就没有适应性行为了吗？你提前10分钟置书占座，他人可能提前15分钟置书占座。如此一来，岂不是把同样多的时间消耗在占座位上了。换句话说，置书占座和先到先得的租值耗散是完全一样的。

我们再来分析执行成本。朱锡庆老师认为，执行成本是指制度生成和维持制度的效力所要消耗的资源。游戏规则的共识程度越低，不同意这一游戏规则的人就越多，从而违背行为越多，执行成本就越高。反过来，共识程度越高，同意这一游戏规则的人就越多，从而违背行为就越少，执行成本就越低。但是，朱锡庆老师并没有明确提出置书占座和先到先得这两种方法的执行成本谁大谁小。我认为，这两种方法的执行成本有所不同，但是相差不大。目前，在大学校园中，置书占座和先到先得这两种方法实际上都是存在的，但是置书占座比先到先得要更多一些。也就是说，置书占座和先到先得这两种方法谁也没有取得共识，只不过置书占座较为受到一部分学生们的欢迎和一部分学生的反对，先到先得较为符合校方的态度：不许占座。一旦置书占座和先到先得这两种方法中的任何一种取得共识，那么都可以得到很好地执行，从而将执行成本进一步降低。

接下来，我们来分析利用率损失。朱锡庆老师也认为，先到先得比置书占座有一个明显的优势，就是没有座位闲置。置书占座，有时侯你放一本书占了座位，可能有事没去，座位就闲置了，而想要座位的人却找不到座位。这一点，我同意朱锡庆老师的观点，先到先得比置书占座的利用率损失要小得多。这一点在食堂中体现得最为充分。一般说来，一个大学生吃一餐饭也就需要十分种左右，而排队的时间大约是五分钟。在30分钟之内，如果实行先到先得，那么一个座位可以使三个大学生用餐完毕；如果实行置书占座，那么只能使两个大学生用餐完毕。显然，在这种情况下，置书占座的利用率损失就比先到先得大了33%。

最后，我们换一个视角利用博弈论来探讨这个问题。在置书占（下接160页）

猜测的代价

王则柯*

前些日子，徐滇庆教授就深圳房价“赌局”道歉一事在网上闹得沸沸扬扬。本来，大科学家就社会经济的发展趋势和未知世界的探索作出猜测甚或打赌，往往是科学史上有益无害的轶事。有些猜测，例如中国人比较熟悉的哥德巴赫猜测，还有名气更大的庞加莱猜测，对于科学发展的推动，还真是功不可没。如果不是哥德巴赫猜测，人们哪里知道我们曾经有过一个让国人自豪的陈景润呢？去年以来，俄国彼得堡斯捷克洛夫研究所的格利戈里·佩雷尔曼博士之所以被许多人认为是当代最伟大的数学家，更是因为他在证明庞加莱猜测的过程中做出了奠基性的贡献。

回到经济学来，亚当·斯密在《国富论》中描述的“看不见的手”，又何尝不可以看作是一种猜测？经济学界普遍把阿罗和德布鲁的全局经济均衡理论看作是对亚当·斯密的信念的论证，就蕴涵这个意思。

至于一个猜测是否成为一个“赌局”，关键则是要看其中是否议立赌注，而并不在乎猜测的事情是否重要。哥德巴赫猜测和庞加莱猜测都没有议立赌注，所以不成其为赌局。科学史上也有一些猜测议立了赌注，因此可以算是打赌吧。不过这些“赌博”，虽然所赌很大，关系人类对世界和宇宙的认识，但是赌注却很小。比如几十年前霍金和加州理工学院一位教授“赌”某个星座有没有黑洞，霍金输了，赌注只有几十美元；三百年前人们在英国赌怎样在两个月时间里从牛顿万有引力定律推导出行星绕日运动的开普勒三定律，赌注也只有几十先令。总之体现雅趣，不会“穷凶极恶”。另外值得注意的是，这些“赌博”一般只在行内很小的范围知晓，只是在事成以后，才被好事的传记作家发掘出来，引为轶事美谈。

猜测深圳房价进而演变成赌局，与历史上这些美谈，自然相去甚远。它的一个作用，是可以拿来娱乐和出气，因为不管徐滇庆是输是赢，总是有人可以拿它说事。

---

* 作者系中山大学岭南学院教授。

值得注意的倒是还有一些非常要紧的猜测,却静悄悄无人觉察,例如主管部门关于国际市场石油价格走向的猜测。这个猜测,实在关系科学发展观战略思想的落实,关系全国人民的切身利益和长远利益。事实上由于这个猜测没有猜准,我国资源价格市场化改革这件大事,就一再被贻误时机。

中国特色的石油价格

大家知道,国家发改委在6月19日宣布,自6月20日起将汽油、柴油价格每吨提高1000元,航空煤油价格每吨提高1500元;自7月1日起,将全国销售电价平均每千瓦时提高2.5分钱。液化气、天然气价格不作调整。

温家宝总理前些时候说,今年恐怕是中国经济最困难的一年。确实是这样。不然的话,有关部门也不会在通货膨胀形势相当严峻的情况下,仍然大幅度提升成品油的价格。

记得去年年底应邀客串兄弟学院的一个饭局,美国著名智库卡托研究所的副所长帕尔玛问我对于当时我国的物价上升有什么看法。我以为只是一般问问,就稍许有点调皮地说:“可惜晚了一点。”想不到他认真问我什么意思。我说,如果前几年政府为通货紧缩苦恼的时候,能够适时把资源税的问题解决,那么不仅当时一箭双雕,既解决我国资源价格背离资源的稀缺性的局面,又摆脱让我们苦恼的通货紧缩,整个经济会运行得更好,而且现在资源价格的矛盾也不会那么尖锐,让理顺资源价格的工作变得非常棘手。后来我知道帕尔马的教育背景是经济学,怪不得他会跟别人说非常认同我的看法。

成品油价格上调的时候,国家发展改革委员会负责人发表谈话指出,近一段时期以来,国际市场油价持续大幅度攀升,特别是2008年2月中旬以来涨速加快。国内成品油与(进口)原油价格倒挂矛盾加剧,企业加工和进口亏损严重,大部分地方炼厂处于停产、半停产状态,供求矛盾突出。为逐步理顺价格关系,保证国内成品油供应,促进石油资源节约,决定适当提高成品油价格。

面对大幅度提升成品油价格的举措,有两种意见引人关注。一种认为我们油价的价格机制不够合理,应当改革油价的定价机制,另外一种则认为油价不要上调了,这样才能保护国内产业。说实在,我就持前面第一种意见。

讲清楚油价机制,还是要从经济学原理说起。过去我们这里居于“指导地位”的经济学,都说商品和资源的价格由凝结在商品和资源中的劳动价值量决定,从

而埋藏在地下的煤炭石油，原来都不能论价钱。于是，原油的价格，就只算雇了多少工人，建立起多少油井，把油开采出来，运到什么地方去，这所有这些成本加起来，再加上一点利润，就是原油的价格，从而我国原油的价格远低于世界价格。不久以前，中国内地的成品油价格，还只是香港的1/3，是印度的1/2。价格是资源稀缺性最权威的信号，价格引导稀缺资源的社会配置。既然资源被扭曲得那么不值钱，人们也就乐得拼资源消耗来追求增长了，所以过去几十年我们的经济增长，是拼资源的增长，是"资源消耗型"的增长。包括印度在内，大部分国家的资源效率都比我们高，就是这个原因。所以，原油的价格和成品油的价格，应该逐步向市场供求关系确定的价位回归，应该反映资源的稀缺性。

理想的油价机制改革，是最终设置大幅度的资源税，体现资源有价，资源宝贵，然后在这个基础上让企业的生产和营销原则上自主地按照市场规律运作。所谓设置大幅度的资源税，比方说每开采一吨石油向国家财政缴纳千元水平的资源税。这些年，我们也做了一些调整资源税的事情，例如在2005年，把原油资源税税额标准由原来的每吨8～30元调整为每吨14～30元，7个等级；天然气资源税税额标准由原来的每千立方米2～15元调整为每千立方米7～15元，6个等级。问题在于，这种每吨只是十几元几十元的"调整"，真可以说只是做做样子而已，因为它远远没有反映资源的稀缺性。哪怕是每吨一二百元的调整，也无济于事。

为什么会错失时机

至于理想的改革时机，首先可以想到的是前几年通货紧缩的时候，因为那时候正好需要有带动力的价格上涨，帮助我们走出通货紧缩的局面。可是正好在过去几年里面，有关部门的负责人一再强调国际市场当时每桶几十美元的原油价格太高，改革油价可能给我们带来的负面影响太大，要等待国际市场石油价格回落的有利时机。如果真的出现这样好的有利时机，自然求之不得，可惜老天爷一直没有给我们这样的机会，相反，国际市场油价却在一路飙升，达到现在每桶一百二三四十美元的水平。固然人非圣贤，谁也不能保证自己的猜测总是料事如神，但是如果能够让不同的意见展开充分讨论，特别是厘清劳动价值论的误导，情况总是会好一些吧。

最理想的改革时机之所以已经错失，正应了"人无远虑，必有近忧"之谶。习惯了计划经济的做法，不到活不下去的时候下不了改革的决心，我们就这么一次一次贻误时机。这其中,劳动价值论指导的计划经济养成的利益格局,起着很大作用。

从我看到的报道看,这次成品油价格调整,仍然回避了资源税问题,国家资源仍然非常便宜地划拨给石油公司开采,主要是两大石油公司。于是,这次“动标不动本”的成品油价格调整剩下的积极意义,就是因为好歹从价格结果上向市场靠近了一步,有助于企业和居民慢慢改变高强度消费成品油的习惯,这种高强度消费资源的习惯与科学发展观背道而驰。

大家都知道, 当前我国的物价形势已经相当严峻,CPI 和 PPI 都在轮番上升。对于我国绝大多数行业、绝大多数部门和绝大多数居民来说,这次成品油价格上升的直接经济影响,都可以用“雪上加霜”来形容。在这样的背景之下成品油价格大幅度调升的政策出台,固然事出无奈,但是人们自然要问,这次大幅度涨价,涨价的直接好处都给了谁?是体现资源有价给了国家财政,还是因为爱闹的孩子有糖吃而给了石油公司?

油价问题上的中国特色,具体来说有两个主要的表现:一是资源本身不值钱,反映假马克思主义的劳动价值论的流毒和惯性,二是受权垄断的石油企业没有尽到垄断责任,甚至可以向国家利益叫板。油价背离市场的问题,总是要解决的,越晚解决越被动。当年时机比较合适的时候不下决心解决,后来不得不着手解决的时候,却发现经济环境越来越严峻。因为死守中国特色,不去解决违背经济规律的大矛盾,油价这个“死结”就这样越来越大,越来越死。这是逻辑的必然。

前面我说因为主管部门关于国际市场石油价格走向的猜测没有猜准,我国资源价格市场化改革这件大事一再被贻误时机,还是往好里说的。不愿意触动垄断利益, 才是纷纷同意这种一厢情愿的猜测并且拿这种一厢情愿的猜测说事的背景。

现在发现死结已经很大很死,当然也是一个进步,认识到再不解决的话这个死结只会更大更死,又是一个进步。这时候,就只好“壮士断臂”了。可惜这次“壮士断臂”的代价那么大,却仍然治标不治本。要是能够从价格机制上向市场靠拢,而不只是从价格结果上向市场靠拢,则国家甚幸,人民甚幸。

资源税问题不解决,中国经济就走不上科学发展的道路。资源税问题不解决却在别的方面进行利益“调整”,我看恐怕只会越调整越不得要领。

报账制度背后的制度

曹利群*

前一段时间和学校里的一个做教授的朋友聊天，谈及他们学校的报账制度，此君是愤愤不平，抱怨该制度规定得太严格了。学校规定，凡是课题资金，支出项目严格限定在差旅费、购买书籍和办公用品支出三项。相关细节规定得更是严格，比如，从 8 月 1 日到 5 日由北京去昆明出差搞调研，必须有 8 月 1 日离开北京去昆明的票，有 8 月 5 日从昆明回北京的票，在昆明期间每天的住宿票和餐饮发票，这些票缺一不可，否则根本无法报销。出差过程中，如果有市内的出租车票，如果是乘坐同一辆出租车在时间上还不能连续。再比如，购买书籍和办公用品的，必须有书店和商店出具的小票，并且，小票必须和发票严格一致。规定之多、之复杂、之详细，实在让人感觉完备之至。该校做出如此规定(我打听过别的学校，规定的严格程度不一)，理由当然是十分充足，那就是国家给的课题经费，只能用来做学术研究。

我那教授朋友对此报账制度可谓是深恶痛绝。他说，其实，学校管理层、会计和从事课题研究的老师们都知道，无论报账制度如何完备，最后的结果是：课题费都报出来了，老师们也只是把其中较少一部分研究，大部分报出来用于工作补贴了。只不过是因为规定严格，使得报账的成本大幅度提高了，老师们要花大量的精力去造假，包括找真真假假的发票，包括寻找转报账制度的漏洞，包括找人说情等等。老师们认为，课题研究是一种复杂的创造性劳动，校方根本无法在研究过程中进行监督，最好的监督应该是对劳动成果——课题成果的监督。水平越高的老师，完成课题的花费可能越少，这应该鼓励才对。报出来的钱用作对课题劳动的补贴，也说得过去，因为负责课题的老师能够在课题招标时中标，说明他在这个领域内是优秀的，并且，他要付出额外的一份劳动，有权利获得一份回报。因此，在老师们看来，如此报账制度不仅纯属多余，而且还提高了社会成本，造成资源的浪费，及早取消为好。

---

* 作者现居北京。

这种报账制度是否纯属多余呢？表面看如此，其实仔细分析起来未必。为什么呢？因为这些制度其实对责任和权力进行了必要的划分。试想，如果没有这样的报账制度，如果对学校进行审计时发现了问题，该处理谁呢？学校的财务人员和财务管理人员肯定是脱不了干系的。有了这样的制度后，出问题的可能性大幅度下降了，并且，出了问题，学校也很好解释：我们是严格按照报账制度执行的，出问题是因为老师们在造假！报账制度帮助财务人员相当程度上卸去了身上的责任。此外，还能给财务人员带来某种权力，这容我慢慢道来。

报账制度规定得如此严格，如果老师们都100%执行此规定，最后课题可能都无法结项，这是校方不希望看到的，因为学校还指着老师们申请课题来提高地位。因此，校方对老师们报账时的造假行为是默许的，这就是所谓的"制度逼人造假"。前面介绍了造假的一些手段，其实，财务人员对于这些手段也是心知肚明的，就是不揭穿罢了。那么，对谁揭穿、对谁不揭穿呢？这里面的学问就大了。但可以肯定的一点是，是否揭穿和揭穿谁的决定权掌握在财务人员手中。从经济人的假定出发，肯定是那些能带来好处或是有可能带来好处的老师们，财务人员才不会去揭穿。那些手中拥有一定权力的院长、系主任等，较为容易地给出这些好处，他们的账自然好报一些。那些手中无权的老师们，就得想法子给点小恩小惠了，完全是一副有求于人的样子。你看看，报账制度的作用还是很大嘛！它等于给财务人员划出了一个权力领域，报账的老师们反而必须为权力寻租了。

这种报账制度是否构成"制度"，倒

真是一个不太好回答的问题。因为“制度”本身的定义非常复杂，辞典对它的解释是“办事规章或者行动准则”，或“一定历史条件下形成的政治、经济方面的体系”，后一个词条适合于宏观上的制度，如资本主义制度、社会主义制度等，在英文中是用system来表示的。本文提到的报账制度，顶多是一个办事规章，还不是行动准则。办事规章，指的是应该按照此去办；行动准则，是实际上按照此去办。用经济学的术语来表达，行动准则才包含着均衡的意思。

再加入“制度经济学”对制度的理解，问题更复杂了。此学科是洋人开创的，我们很多人读的是翻译后的中文，又按照中文的背景去理解，带来的问题就更多了。复旦大学的李维森老师专门对制度和institution做过考证，写出来的论文大体上有两三万字，尤其是研究制度经济学的各位，一定得好好拜读。文章写得好，足见功底，我曾请教李老师：能不能再写个文章澄清一下制度和组织的关联和区分？我可以肯定的一点是，institution中包括组织的含义，现在我们很多人理解的一部分制度经济学其实是组织经济学的内容。那是题外话。

总的来讲，洋人对institution的定义大体上有两种，一种是建构理性的，把它定义为对人们行动的制约，诺斯等人是这方面的代表，为了后文陈述的方便，不妨称之为规章。它往往是居于科层高位的、手中有权的人制定的，并且多是白纸黑字的，看得见摸得着却不见得遵守，往往是“墙上挂挂、纸上写写、会上念念”而已。在英文文献中，洋人对这类制度多用create等词。本文所说报账制度，就是此意义上的。另一种是演进理性的，把制度定义为均衡，最典型的是青木等人，它们索性把制度看成是有关各方能够认同和接受的并实际上按此操作的均衡信念，这种制度不是有权人制定的，而是通过参与人在博弈中形成的，此间包含了许多“民间智慧”，并且，这种制度很多时候是没有写在纸面上的，甚至看不见摸不着的，只有反复参与博弈的人才可能掌握，很像国内有学者称呼的“潜规则”。两种定义不好说有高下之分，但是，值得指出的是，实际运行的、行之有效的往往是这些“潜规则”，同样为了后文表述的方便，我们把它称之为准则。

现在回过头来看前文提到的报账制度，它毫无疑问地分成了规章和准则两个层面。纸面上看到的十分严密的规定，是规章制度，它界定的是有关各方权力和责任。那些实际通过造假、送礼等手段进行操作的是行动准则，它界定的是行为的有效性。行动准则是很少有人教的，必须靠自己摸索。要是一个人简单地服从规章，是很难办成事的；要消灭准则，更是很难办到的。我的一个师兄，留校任教，书生气十足，去学校报账，按照“规章”行事，屡屡受挫，他送去的发票总是会被财务人员“客气”地指出这不合格那不合格。此君不是去了解并适应“准则”，而是试图消灭之。刚开始是和财务人员大吵，财务人员当然不理亏，因为他们是严格地按章办事，无懈可击。此君后来就不断地给校长写信，从理论上说明：研究属于学校主业，老师是学校的核心；财务是学校的后勤，必须做好服务。所以，不让他报账是不对的，自己处于有理的一方。写信不仅没有帮助他报账，还引发了院系领导来给他做解释工作。此君和做解释工作的人又吵起来，最后发展到跳楼秀。当然，他也没有跳，即使跳了，可能也改变不了“准则”的存在。

报账制度要分为规章和准则两个层面，别的制度是不是这样？是。历史上的，可以看看学者吴思在提出“潜规则”的那本书里举的例子，多了去了。现实的，更是多得很。比如，各级政府各类项目申报时，规章层面也是严格得很、详细得很，有兴趣的可到各部门的网站上看看；在准则层面，“跑步钱进”的招数也同样复杂得很、微妙得很，有兴趣的可请有关人员给讲讲。再比如，在人事任命方面，规章很严密，“跑官要官”的招数也很精妙。别的制度，恐怕都是如此。一个人最后要在社会生存，首先学的是规章，这恐怕还容易一些；要学到准则层面的东西恐怕就难得多，必须进“社会大学”，在实践中摸索。这些很重要，比这更重要的还是对制度经济学研究的启示。

我觉得，对制度的理论研究，有必要在规章和准则两个层面同时展开。所有的制度，必须是有效的，能够得到各方遵循的，否则没有用。青木认为得不到遵循的制度不能称为制度。从这个意义上讲，准则是非常重要的。研究准则的这个层面，讲究的是制度有效性，要去探究什么样的制度才是最后的均衡，才能同时符合“激励相容”和“参与约束”。这要秉承演进理性的哲学底蕴，最有效的工具恐怕还是博弈论。但是，准则也有其弊端，在于它不是明文规定的，弹性太大，运行成本太高。用拗口的话来讲就是，实际上有效的均衡不见得是有效率的均衡，大部分均衡结果都可能造成社会资源的浪费。因此，要把这些“潜规则”显化，把准则变为规章，以提高经济效率。因此，必须通过有权人来制定一些规章，把那些有效率的均衡提炼为规章。最理想的制度，当然是规章的规定和准定对应的最有效率的均衡刚好完全一致。这里面，当然牵涉到如何衡量均衡的效率，以及如何通过均衡的精练来提高效率，以及制定规章的有权人是谁、如何制约这些有权人等等问题。问题不可怕，提出问题就是解决问题的第一步。

血亲融资的信用约束机制及对建设信用社会的启示

俞炜华*

资金对于企业，相当于血液对于人体，一个企业要不断地发展壮大，离不开源源不断的资金支持。而对于民营中小企业，资金的筹集是比较困难的一件事情。依赖资本市场的直接融资在资本市场不发达的中国直到现在仍然比较困难。而以银行为媒介的间接融资基于政策和银行规避风险的原因，即使能筹集到资本，成本也是非常高。为解决资本的缺乏问题，私人借贷、集资乃至非法的高利贷等也成为不少企业不得已的选择。在这之中，以血缘和亲友关系为基础的融资在解决小额资金缺口中起了很大的作用，成为一种重要的融资手段。同时，血亲融资的过程中所形成的制度安排对于解决现在中国普遍面临的失信问题也有一定的借鉴意义。

血亲融资的优点

血亲融资是一个包括项目可行性评估、借款、事后信用评估及奖罚等整个过程，具备了其他融资方式所不具备的特点和效率。具体来讲是：

(1)创业或扩张现有产业的可行性能得到评估和修改。作为设想，一个人往往会有考虑不全面的地方，对事情的难度等方面的估计也会出现偏差，而经过亲戚之间的讨论，尤其是亲朋中有人曾经经历过相类似的事情的意见，能够使计划得以完善。而且，在计划执行中有可能出现的问题也能在亲戚之间得到讨论，因此，血亲融资能减少不确定性，提高投资项目的可行性和成功的概率。

另外，企业家才能是能够识别市场上其他人认识不到的机会的能力，亲朋之间对投资机会的认识往往会存在差异。但基于亲情等理由，亲朋间对有不同意见的投资项目，支持力度会有所减弱，但会给予一定力度的支持，这就和银行等金融机构形成鲜明的对比。

(2)因为都是亲朋好友，对各自的信用、能力等情况比较了解，对有信用和能

* 作者系西安交通大学金禾经济研究中心讲师。

力的人大家会比较放心得多，而信用和能力不足的人，能筹集到的资金相对就会比较的少（当然，基于亲情和面子，这些人一般也能筹集到一些资金）。这将迫使借款者提高自己的“信用等级”，以便在未来需要时能得到亲朋最大限度的协助。

亲戚之间的借款好多都是没有书面凭证的，但提供借款和归还借款承诺是非常可信的，失信于一个人就是失信所有的人，尤其是参与借款的亲戚。即使某一次失信可以得到很大的收益，但与高额成本相比，收益也是非常小。因为失信也就意味着在相关亲戚群中信用等级下降乃至信用缺失，这会增加其未来血亲融资的成本，甚至使其未来通过血亲融资的方式筹集资本成为不可能。并且，这个群体中其他成员所拥有的社会资本（关系网络）也有可能向其乃至其后代关闭，这将对一个人、一个家庭在社会上生存和发展造成很大的困难。而且，由于信息传播等问题，在一个群体中的失信也往往导致其在其他群体中信用等级的下降，这就进一步加剧了失信的成本。

基于此，我们可以将个人和族群其他成员之间的关系看成一个无限次重复博弈的过程，理性的个人出于追求长期利益的动机，不会为了短期的利益而损害自己的信用。而以聚会的形式完成血亲融资，更因为加入了第三者惩罚，进一步增加了失信的成本，使守信成为筹资者的理性选择。

（3）血亲融资是一种低成本和有效的融资方式。如（2）所述，关于个人以往信用的信息亲朋中近乎透明，而且具有非常完备的信用保障机制（无限次重复博弈和第三者惩罚），失信的成本非常巨大，因此，在一般的直接和间接融资中常见的信用评估等问题在血亲融资中就不必进行。这就有效地降低了融资方需要支出的交易成本。而且，因为借款是以出借人将来需要协助时融资人同样予以支持为条件，在一般情况下，不需要支付利息，即使需要支付利息，也远较地下钱庄等非法金融机构为低。因此，血亲融资是一种低成本的融资方式。

血亲融资同样也是一种有效的融资方式。因为与个人的信用在群体中的近乎完全信息相类似，群体成员的经济状况对于群体内部人员来讲也可以猜测个八九不离十。因此，在群体聚会时，除了对融资者的信用存在约束机制外，对资金提供者也有相类似的约束机制来保证融资的实现。因为在融资过程中，大家都会按照设想的可行性、融资者的信用和能力、自己的能力、与融资者的关系（如血缘等）的远近、其他人的出资情况等因素决定资助融资者的资金数额。同时，每一个人也会对其他人可能提供的资金数额有一个预期。而当一个人所意愿提供的资金与大家预期其“可能”（更确切地讲是“应该”）提供的资金差距较大时，对其所造成的影响

也和融资者的失信相类似，即大家会降低其在群体中的地位，从而也降低了其在需要帮忙和支持时大家给予支持的力度。因此，血亲融资不仅仅对融资方的失信有相应的制约机制，对于出资方也有相应的约束机制，促使其按实际能力等情况提供相应的资金，具有双向信用约束的特点，从而也能更有效地促进融资的实现。而一般的直接融资和间接融资就没有对出资方的制约机制，融资的难度也就大于血亲融资，从这个意义上讲，血亲融资也是一种有效的融资方式。

(4)融资也意味着投资。从总体上看，这种制度设计是群体内富有的家庭支持相对较差的家庭，“不用办事情的家庭支持需要办事情的家庭”。但基于群体其他成员变富后对于我需要支持时能增加支持的力度，群体的社会资本的增加能使我将来处理事情比较方便等理由，富有和“不用办事”的家庭也愿意支持那些需要融资的家庭。因此，从这个视角看，对需要融资或帮助的家庭或个人的支持也就是对家族群体公共利益的投资，也就是对自己未来的投资。

而且由于资金来源于各个族群，高度分散，即使需要融资的数额较大，作为单个人或一个小家庭需要支持的也不会很多，不需要将“鸡蛋放在同一个篮子里”，这也就将风险控制在个人所能承受的范围之内。因此，血亲融资是一个利益共享、风险共担的融资方式。

(5)血亲融资的各方之间的关系不仅仅表现为资金的交流，群体中小孩子的教育、老人的抚养、社会关系的梳理等也都是各方联系的纽带。这些问题虽然看起来和血亲融资没有关系，但却是将群体打造成群体利益共同体的血缘基础和社会基础。从这个意义上讲，血亲融资不仅仅建立在利己主义的基础上，贝克尔所谓家庭内部的利他主义在血亲融资中也起到一定的作用。

血亲融资也存在融资规模过小等问题，但其作为一种重要的融资方式，在中国的中小企业发展中起着重要的作用。尤其在创业的阶段，因为信号难以显示等问题，企业家很难通过金融市场和金融机构筹集到创业所需要的资金。而血亲融资则因为群体内部的利他倾向和双向信用约束机制，促使创业者得到其所需要的资金。

血亲融资对建设信用社会的意义

中国现代市场经济的发展离不开信用的发展，中国现在所遇到不少问题也和信用的缺失有很大的关系。血亲融资中的信用保障机制对于建设信用社会有很强的借鉴意义。

（1）增加失信者的信用透明度，以增加其失信成本。法学与经济学认为，为减少犯罪，实行惩罚的强度必须与罪犯所侵犯的利益或罪行的严重性成正比，并被成功惩罚的概率成反比。而增加失信者的信用透明度，就相当于增加被成功惩罚的概率，因为惩罚的执行者将由单人向多人的转变，这也就有效地增加了其失信的边际成本，在失信边际收益不增加的情况下，当然会增加失信的行为。血亲融资就是因为信用近乎透明，从而有效增加了失信的边际成本，也就减少了资金融通过程中的失信行为。鉴于此，政府应该积极建立全国性的信用联网体系和信用查询体系，以增加失信者信用透明度。

（2）增加对失信者的惩罚力度，以减少失信行为。如血亲融资的惩罚是通过减低其信用等级，增加其未来融资成本实现的。因为在血亲融资失信的信息透明度很高，所以，惩罚的强度可以得到降低，即使是在其信用等级较低的情况下，也能得到亲友间的少量融资。而对于其他的融资方式来讲，就必须增加对失信的惩罚力度，以增加失信成本，达到减少失信的目的。因此，政府应该在相关金融法规的完善，尤其是加大法律的执行力度，以有效地增加失信的成本。

（3）增加了金融机构服务企业的内容，以增加企业的失信成本。在血亲融资的过程中，失信的成本不仅仅是个人信用等级的下降，而且也包括利用群体优势能力的下降，如社会关系网络的萎缩等，这就进一步增加了失信的成本。对于金融企业来讲，其也可以利用金融机构的服务能力，也增加企业的失信成本，如以自身为纽带，加强相关客户之间的联系和相互依赖性；增加金融服务的差别性和针对性，以增加企业对银行的依赖等，这些方式不但能促使金融机构了解更多相关的信息，减少了贷款的风险，同时也有效地增加企业失信的成本，从而减少了企业的失信概率。

（4）在当前，民营中小企业的贷款困难时比较突出的一个问题，即中小企业对金融机构有很深的依赖，而金融机构对单个中小企业以来不足。这意味着只存在单方面的信用约束机制，而血亲融资的有效性就于其存在双向的信用约束机制。如何解决这个问题呢？台湾地区的经验是建立中小企业银行、建立中小企业联合辅导中心和建立中小企业信用保证基金。而在中小企业发达的浙江等地除了服务中小企业的信用社和城市商业银行等发展迅速外，也出现了中小企业信贷试点，依赖于地方政府的支持，将中小企业组织起来，以一个区域内所有中小企业的整体信用为基础。每位中小企业成员都保证偿还贷款，并向其他成员公开自己的还款状况。此外，每位成员还要交纳其贷款额一定比例的资金，以形成风险互保金，作为成员借款的担保(南方周末，2005年，6月16日)，而通过入会资格审查，交纳信用担保金等方式形成的民间自发担保组织也在浙江萧山等地出现。中小企业组建信用联合体的方式一方面减少了中小企业与银行之间的信息不对称，降低银行的信用风险，另一方面也使得中小企业联合成为大的资金需求方，促使银行重视对中小企业信用联合体的贷款，形成双向的信用约束机制。但中小企业信用联合体，尤其是政府主导的联合体，如何解决信用的"公地悲剧"问题则有待于进一步的观察和研究。

(5)金融机构不可能解决所有的融资问题，尤其对于创业者的初始资金问题一直融资的难点问题，因此，以血亲融资为代表的直接融资在中小企业的发展中具有不可替代的作用。鉴于此，政府应该积极介入血亲融资的过程，以进一步增加失信的风险，促进民间金融的健康发展。以台湾地区为例，中小企业也使台湾经济发展的主力军，其也同样面对借款的困难。政府除了加强对金融机构对中小企业贷款进行引导外，在法律上对民间自发的借贷行为进行了保障。如规定开出空头支票要承担刑事责任。这样，民间尤其是亲属和朋友间利用支票借款成为一种低风险的方式。如一家企业需要10000美元，而预期在3个月后可以归还，则其就可以向贷款人开具3个月后到期的支票(本金加利息)，而得到贷款人的融资。如果三个月后不归还，则开具的就是开空头支票，开票人要承担刑事责任。当然，大陆在中小企业血亲融资的过程中，并不必然要使用空头支票这种形式，但法律对以血亲融资为代表的民间融资的保障则必将对中小企业的融资产生积极的影响。而且，这也从法律制度上保证了失信的风险，增加了守信的收益，有效地促进了信用社会建设。

“动辄就抒情”与思辨能力

章元*

近日在整理旧报纸时,偶然发现了一篇有趣的文章。

文章的产生是这样的,2007 年 5 月 22 日《现代快报》上刊登了一则文章,其中,有教育界人士指出,高中阶段学生的抽象思维能力和议论能力不强,写作时动不动就“啊”、“呀”地抒情,很难写出非常有条理、很严谨的议论。文章认为,这种现象与基础教育中现有教师队伍的性别构成偏向于女性有关。这则文章刊登后,2007 年 5 月 23 日《青年报》便随后刊登了另一篇题目为《学生思辨能力弱怎能全怪女教师》的反驳文章,作者是中学语文老师。文章首先对中学生这种“动辄就抒情”的文风深有同感,但对于“女教师比例过高导致抽象思维能力差”的说法却不敢苟同。作者认为,孩子的成长过程中女教师比例偏高,有可能造成学生性格上和意志能力上的缺陷,但女教师多却与学生抽象思维能力和议论能力的形成没有必然的联系:一个人的抽象思维能力和议论能力强不强,除了天赋和性别的因素,也与后天影响有关。学生的阅读面及社会思辨氛围对学生抽象思维能力的提高具有很大的促进作用。而我们目前的教育机制偏重于培养学生的形象思维能力,从小学到初中,一直训练学生写记叙文,训练学生的情感表达和抒发。学生的课外阅读,也自然偏重于趣味性比较强的“形象阅读”。更主要的是,社会没有给孩子提供利于思辨能力提高的氛围,譬如电影电视,过多强调引人入胜的故事性和情感性,即使是说理性的电视节目,也要借助形象思维作媒介。像央视最火的“百家讲坛”,实际上是将说理给故事化和趣味化了,这在一定程度上会转移学生对理性思辨的注意度。因此,学生思维能力的提高,依赖于教育者尤其是语文教师的针对性训练,社会理性氛围的形成也至关重要。

这篇文章不免引起了笔者的回忆并触发了些许的感触。

首先,看完这篇文章,作为已经走过了中学时代将近二十年的人,笔者也确实深有同感,想想自己在童年或少年时代写作文时,也经常碰到老师要求写八百字

* 作者系复旦大学中国社会主义市场经济研究中心副教授,经济学博士。

的文章，结果写到五六百字时，常常变得无话可说，于是乎，要么就开始搜肠刮肚，要么就故作抒情状，“啊”、“呀”之词便成了文章结尾部分的家常便饭。所以，笔者也同意这两则文章所描述的现象，甚至，我把它戏称为“童年时代的痛苦回忆”。还记得，小学和中学写作文的本子都是带方格的，一个方格里写一个字，每页纸都是固定的格子数，所以，时间长了，一篇八百字的文章该写几页，也自然就心中有数了。而这里所谓的“痛苦回忆”就是当你需要写满两页纸的文章才能向老师交差时，但是写到一页半时便无话可说了，于是就开始了一篇文章的“痛苦旅程”，既然无话可说，那就抒情！可是实际上，那时候的脑袋里大多并没有真情可抒发，或者并没有写出来的文字所要表达的那种真实情感，于是，搜肠刮肚的抒情，自然就痛苦不堪了。

写到这里，笔者首先承认，自己并不是教育学出身，所以也无意卷入女性教师偏多是否是导致中学生“动辄就抒情”的文风的重要原因，笔者这里只是想对这个深有同感的现象给出一个不同角度的解释。

首先，笔者也不同意“女性教师偏多论”所给出的解释。理由如下：第一，“女性教师偏多论”背后其实隐含着两个命题，那就是女性教师相对于男性老师而言是“多愁善感”的，而且女性教师相对于男性教师而言是“缺乏思辨能力”的，或者她们相对于男老师而言缺乏培养学生的“思辨能力”的能力。我相信接受这两个命题读者并不多。第二，一个正接受教育的学生与什么性别的人或老师接触，确实可能会对他们的思维方式或逻辑分析能力造成影响，可是如果将“动辄就抒情”的文风归咎于“多愁善感”的女性老师偏多的话，那么，其实与一个学生接触最多的应该是他/她的母亲，即使是在课堂上接受了女语文老师的教育，但是实际上，恐怕在一个人的一生中，受到的来自女性的影响必定是同样可能也是“多愁善感”的女性——自己的母亲，所以，我们首先不能简单地将罪过推到女教师身上。第三，对于一个学生而言，他在过去所接受的写作文的训练的时间里，有多大比例是来自与女老师呢？恐怕对于普遍在作文中抒情的学生而言，这个比例未必都非常高；基于这一点，我们也有理由怀疑“女性教师偏多论”。

其实，读到这里，想来很多读者也应该也有同感吧！笔者写到这里，还想起来小时候看过的一则外国幽默故事，描述的也是一个国外的学生写作文凑字数的痛苦。一个外国学生被老师要求写一篇两百字的文章，他开头写了“我家养了一条小狗，叫波比，我很喜欢它……”就这样写了大概几十个字，这位外国小朋友也“理屈词穷”了，于是这样写道：“有一天，我喊它‘波比’，可是它却不过来，于是我又喊‘波比……波比……’，可是它还是不过来，于是我继续喊‘波比……波比……波比……波比……’”想来如果老师真的拿到了这样靠“喊波比”的方式凑够字数的文章必定会吐血了，可是，通过这则幽默故事我们可以看出，这种童年的痛苦并非只发生在中国的学生身上嘛！然而，更有趣的是，这种“动辄就抒情”的文风的存在及其解释恐怕在中国古代就早已有之，北宋词人辛弃疾的脍炙人口的词为证：“少年不识愁滋味，爱上层楼。爱上层楼，为赋新词强说愁。而今识尽愁滋味，欲说还休。欲说还休，却道天凉好个秋。”好一个“少年不识愁滋味”！这不是古代学生的真实写照么？好一个“为赋新词强说愁”！鬼斧神工般的七个字，即向我们描述了古代少年“动辄就抒情”的文风，又同时给出了一个无比精辟的解释——“为赋新词”！

是啊，回想我们的童年，每当我们搜肠刮肚地写不出文章时，就不得不用抒情来充字数，这不都是在“为赋新词强说愁”吗？再回到“痛苦”二字，是相信很多读者对自己的小学和中学时代亦有同感。还记得小学及中学时代，每次放寒假、暑假或者每次上作文课，老师布置题目，而每次的题目大多是“一件小事”、“一件难忘的事”、“我最尊敬的人”、“最有意义的一天”、“一个难忘的镜头”，“我第一次……”如此等等，而每次听到这些题目之后，都会引来同学们痛苦的嘘声，或者让老师换题目的抗议声。之所以痛苦，是因为经常需要写完全重复或者相似的题目，题目缺乏新意，自然难以启发学生的想象力。

另外，就我自己的教育经历与感受而言，我们曾经接受的中小学教育，往往从功利主义的角度去强调学以致用，从而也就助长了学生的刻意模仿，甚至虚伪地去构造一些东西。我还记得小学语文中学过一篇课文，已经记不清楚是几年级了，

只记得这篇课文中出现了一个成语叫“瘦骨嶙峋”，学完后，老师布置作文题目时要求大家必须在文章中用到这个词。后来，我的同桌就这样开始他的作文：“我家养了一头瘦骨嶙峋的老牛，它每天都勤勤恳恳地劳动……”紧接着，语文老师把他的作文作为范文在课堂上念给大家听，可是当语文老师在表扬他写得好的时候，我就暗自愤愤不平地想：“你们家的那头牛是膘肥肉壮，啥时候变得瘦骨嶙峋了？”于是，从那以后，我就明白了一个“道理”：原来你写出来的东西与实际情况是否一致并不重要，写什么和说什么完全可以脱离实际！现在回头想一想，不知道这是否就是我们成人的虚伪的最初萌芽的一种催化剂？

也许我们还可以从现在的年轻人那里找到类似的证据，例如我从学校的BBS上看到在校大学生们回忆自己写作文的经历的一些帖子和他们现在的评语：

帖子一：“今天天气晴朗，万里无云，我们到公园去春游。首先映入眼帘的是假山……在夕阳的余晖下，我们依依不舍地离开了公园，我会永远记得这快乐而有意义的一天！”

大学生评语：“为什么每次春游回来都要写周记？”

帖子二：“今天是教师节，老师们是蜡烛，燃烧自己，照亮别人。他们是‘灵魂的工程师’。古诗云：‘春蚕到死丝方尽……’那天，小王老师使尽了全身的力量给我们上最后一节课……可是小王老师只教了我们一个学期就患癌症死去了。我们是多怀念他啊！”

大学生评语：“小学时为了感人，在我们的笔下，很多老师就这样患绝症‘死’了！”

帖子三：“在灯光下，看着妈妈的白发，我情不自禁泪流满面。我以后一定要努力学习，报答她的养育之恩！”

大学生评语：“80后的妈妈们基本30多岁就都长白发了？”

看了这些帖子与评语，我们这些成年人也忍不住会笑出来。从中我们可以看出，他们也依然曾经有过类似的经历与痛苦！所以，在我看来，现在的中学生“动辄就抒情”与女性教师偏多并没有多大关系，而是我们的老师让他们写的作文太多，写多了，便无话可说，因为本来，“最难忘”、“最尊敬”、“最有意义”的人或事对于儿童和青少年的感情世界来说就不多，可是屡次去写这些相同的主题，自然就没什么好写的了，于是唯有抒情可以充字数了！

但愿中国的基础教育不要再出现让中小学生“为赋新词”而提高了他们“强说愁”的能力，却使得他们丧失了应有的思辨能力！

走向系统时代

昝廷全*

诺贝尔奖得主普里高津(I. Prigogine)早在20世纪80年代就曾指出,人类社会正处于一个大转变的年代,并敏锐地观察到许多新出现的社会经济现象需要多学科联合攻关才能解决,并由此强调了交叉科学研究的重要性。实际上,交叉科学研究现在已经成为了学术研究的一片热土,同时有没有交叉科学研究已经被列为当代西方国家划分综合性大学的重要指标之一。

针对人类社会的这种转变,人们纷纷从不同的角度利用不同的词汇来描述当今社会的特征,例如,有人用信息社会,有人用网络社会,有人用知识经济社会,等等。我1996年在香港《经济与法律》出版社出版的《系统经济学》(第一卷)的前言中提出人类社会已经进入系统时代的观点,后来又于1998年和我的导师黄德鸿先生一起在《暨南学报》上发表了拙作"系统时代:从'规模经济'走向'系统经济'"。我们认为,信息是构成系统的一个要素,网络是指系统的结构,知识属于系统的资源位范畴,因此,系统时代的概念比信息社会、网络社会和知识经济社会等概念具有更为丰富的内涵,更能反映当代社会的时代特征。

按照美国著名系统哲学家拉兹洛的观点,人类社会目前正在面临三大问题:第一是全球化问题,特别是金融全球化问题;第二是可持续发展问题;第三是战争与和平问题。按照系统经济学观点,全球化的本质就是全球大系统化,属于系统广化的范畴,而美国学者托马斯·弗里德曼在《世界是平的》一书中所描绘的全球化的三个不同阶段即所谓的1.0阶段,2.0阶段和3.0阶段,依次反映的正好是系统深化的过程。系统广化和系统深化是系统时代最典型的特征。

有比较才有鉴别。为了准确把握系统时代的特征,我们必须了解系统时代和非系统时代和大工业时代相比具有哪些差异和不同。以下从四个方面进行简要论述。

首先,评价企业价值和企业家能力的标准发生了变化。在大工业时代,评价一

* 作者系中国传媒大学中国系统经济学研究中心教授。

个企业的价值高低主要是看这个企业在所有权意义上拥有多少资产，即主要考察的是它的资源“闭集”。在系统时代，衡量一个企业的价值高低主要是看它的资源结构是否呈“凹集”状态，更多的是考察它的开放性和与外部的连通性。在大工业时代，“圈地能力”是衡量一个企业家能力高低的主要指标；而在系统时代，企业家的整合资源的能力更为重要，更能影响企业的兴衰。广义地讲，在系统时代，对任何组织，包括国家、政党、社团等主要领导人的能力衡量指标都发生了类似的变化，正所谓“系统时代，整合为王”（昝廷全，2001）。由此决定着企业组织形式、用人制度、竞争观念都将发生变化。“不求所有，但求所用”的用人观念已被广泛接受，合作竞争正在成为一种新的主要竞争方式。

第二，人们的价值观念正在发生变化。前面已经指出，系统广化和系统深化是系统化的两个主要方式，这都要求系统必须是开放的。因此，开放性是系统时代的应有之义。也就是说，系统时代所谓的系统都是开放系统。开放系统是不断和外界交换物质、能量和信息的系统。和开放系统对应的有孤立系统和封闭系统。孤立系统不与外界交换任何物质、能量和信息。封闭系统介于开放系统和孤立系统之间。为了表述上的方便，我们把与开放系统相对应的社会称为开放社会，即系统时代的社会，有时也笼统地用系统时代来指称，同时把与孤立系统和封闭系统相对应的社会称为封建社会。和封建社会相比，系统时代的开放社会更加依赖于和外界的交换关系，并由此决定着系统时代人们价值观念的变化。根据系统科学的研究成果，一个系统或社会一旦封闭，很快便会形成层级结构。因此，在封建社会，下级对上级的忠诚甚至是愚忠被认为是一种美德。而系统时代的本质是交换，交换的前提是平等、互惠和自愿。因此，民主、自由、诚信和契约精神是在系统时代最受推崇的价值观念。通俗地讲，遵守游戏规则应当成为系统时代的基本价值观念，因为只有大家都遵守共同的游戏规则才能使交换的成本最低，才能实现社会福利的最大化。随着系统化水平的不断提高，任何个人在系统发展中的作用都将下降，其决定因素是系统的结构是否合理，制度是否先进。

第三，连通性的作用至关重要。“系统时代，整合为王”。要想整合外部资源，前提是必须和外界连通。这里的连通是广义的，只要系统和外界存在交换物质、能量和信息的任何渠道或中介系统，我们就说系统和外界是连通的。按照这种理解，公路、铁路、水路、航空、电网、电话网、电视网、互联网等等都可以构成系统和外界的连通渠道。其中，每一个连通渠道的出现都大大改变了人类社会的面貌。特别是互联网的出现，正在使人类社会发生全面深刻的变化。我们认为，对于互联网的巨大影响，人们现在还远远没有认识清楚。但是，有一点是清楚的，那就是连通性在系统时代比在任何时候都更为重要。因此，对互联网怎么重视都不为过，以致有人认为，互联网的出现是区分新经济与旧经济的一个标志。

当然，对连通性的考察除了上述技术层面的问题之外，还有制度层面和经济层面的问题。

第四，从经济学的角度来讲，系统时代的最大特点就是催生了“系统经济”这种新的经济形态。系统经济学就是在这种时代背景的感召下应运而生的一个新的经济学分支。经过近 20 多年的认真探索和研究，到目前为止，已经基本上完成了系统经济学哲理框架的构建工作，得到了几十个具有数学形式的新结果，提出了上百个发展系统经济的具体理法，开拓了三个与国际上已有定评的工作具有可比性的研究专题：制度拓扑模型、资源位理论和特征尺度理论。同时，培养了 60 多名系统经济学方向或学位论文与系统经济学直接相关的博士和硕士。当然，从学科建设来讲，系统经济学目前还处于草创阶段，还很不成熟，希望得到更多学界同仁的关心、支持、批评与指正，使得这颗学苑新苗与系统时代一起茁壮成长。

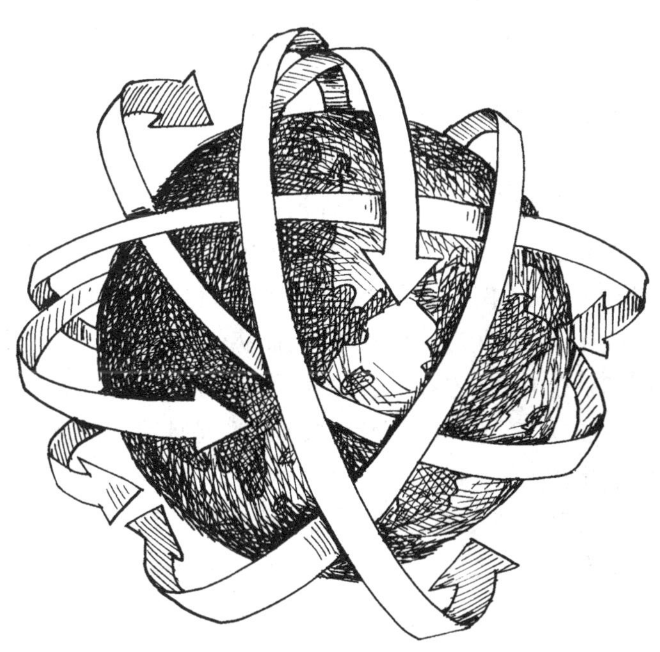

我的外公孙冶方

——武克钢访谈录

徐庆全*

按:今年是举世瞩目的中国改革开放30周年,也是中国著名经济学家孙冶方诞辰100周年。在"左"祸深重的年代,孙冶方坚持社会主义市场经济理论,曾不惜身陷囹圄达7年之久。改革开放大幕拉开,孙冶方又以对中国经济体制改革的无畏探索,得到国人的高度崇敬。回顾改革开放30年的历程,既是对改革开放的最好纪念,也是对孙冶方的最好怀念。为此,笔者采访了孙冶方的外孙,云南省政协常委、著名企业家武克钢先生。

革命的外公和资本家的外公

徐庆全:克钢,我看到的材料表明,你是一个拥有两个外公的人,孙冶方还不是你的亲外公。你还是先介绍一下这里的关系吧。

武克钢:我母亲生于江苏无锡。那时,无锡有两个有名的家族:荣家和薛家。荣家,就是今天大家都知道的荣毅仁家族;薛家,就是我母亲的家族。薛家与荣家一样,都是从事实业救国的大家族,而且两家关系密切。上世纪30年代,荣毅仁的父亲荣德生被绑架,我母亲的父亲,也就是我的亲外公薛明剑,代表青帮去和绑架方谈判,并同时通过吴铁成报告蒋介石说,江南富商被绑架了,要求派军队。我亲外公的谈判很顺利,救出了荣德生。荣德生离开10分钟,国民党军队就把绑架者全部杀了。

我的亲外公薛明剑兄弟四人,最小的是薛萼果,也就是后来的孙冶方。他参加革命后改名,从母姓孙。薛明剑有子女16个,而薛萼果则无儿无女。南方有这样的传统,兄弟之间如果有的没有孩子,另外兄弟的孩子多,就要过继给没有孩子的兄弟。薛明剑就把我的母亲过继给了孙冶方,所以我是孙冶方正嫡的外孙。在我眼里,他就是我的亲外公。

徐庆全:薛明剑是大资本家,又和国民党有联系;而薛萼果也就是孙冶方,则后来参加革命,成为反对国民党的人。你有一个属于大资本家的亲外公,又有一个属于颠覆资本家制度的外公。你的经历是很有趣。

---

* 采访者系《炎黄春秋》杂志执行主编。

武克钢:的确,兄弟俩特别相反。薛明剑走的是富民强族、实业教育救国之路,冶方走上的是世界大同、共产主义之路。虽然今天人们只知道弟弟而对哥哥知之甚少,但70年前情况却正相反。薛明剑做过国大代表、立法委员,是当年南方民族工业界举足轻重的人物,被孙中山和蒋介石器重。从现在留下的他的遗稿看,他是一个非常了不起的经济学家和企业管理家。他甚至可以把一个纱厂按照我们现代企业的管理方式来经营。

徐庆全:我翻看过无锡史志办编的四卷本的《薛明剑文集》,虽然我不懂企业的事情,但他的企业管理的代表性著作之一《工场设计及管理》,以及为研究中国工艺技术发展史提供重要依据的《衣食住行工艺概要》等篇目,让人感到惊讶——这简直就是现代企业管理方式的翻版。你现在也是著名的企业家,是不是也因为秉承了薛明剑的血统?

武克钢:应该是两个外公的血统。亲外公是经济实业家,而外公是经济理论家,他们俩都对我有很大的影响。

徐庆全:薛明剑比孙冶方大14岁,"长兄如父",按理说,孙冶方也应该成为国民党的一员,可他为什么却选择了共产党?

武克钢:孙冶方是有些书生意气、书呆子气的人。因为他是兄弟中最小的老四,所以大家都很照顾他。其实,他后来走上了与薛明剑不同的道路,也是很偶然。他晚年几次跟我讲,人生都是很偶然的,如果那时他再大两岁,就会被明剑带去投奔国民党。14岁那年,孙冶方考取"无锡县立第一高等小学"。在这里,他遇到了老师张效良(张志和)。据外公讲,张效良是中共最早期的党员,曾东渡日本追随孙中山先生致力国民革命。孙中山让位于袁世凯后他感觉理想破灭,就只身奔赴南洋在槟榔屿群岛华侨中学任教。1922年春,因组织华侨抗争新加坡英国殖民当局者侮辱中国、干涉华侨教育的条例被驱逐出境。回国后中共上海地下党派他到孙冶方就读的"无锡县立第一高等小学",以教员身份为掩护,发展组织,宣扬革命。就是这位张先生在薛萼果幼小的心灵中埋下了共产主义是人类最完美存在方式,共产主义必定要在中国和全世界实现的意识形态种子,这成了薛萼果——孙冶方一生再也没有动摇过的信仰。不仅如此,受外公的影响,薛明剑家里的5个孩子也都投奔了共产党,包括我母亲在内,后来都成为共产党优秀的高级干部。

徐庆全:薛明剑、孙冶方都是你的外公,而且这两个外公所走的道路又是那样不同,在你与他们交往时,是不是会有一些不同的感觉呢?

武克钢:当然有了。新中国成立以后,薛明剑是被改造的对象,而孙冶方则是

共产党内的高级干部，两个人的地位天壤之别。薛明剑住在上海。小时候，我到这个资本家的外公家里，也感觉很气派，他住在很漂亮的石库门一大栋小洋楼里，但常常牢骚满腹，因为他是被改造的对象嘛。不过，外公对我们孩子的教育很重视，他让我们背诵古书，诸如《论语》、《三字经》等等，要求是非常严厉的。外公有很深厚的国学修养，毛笔字写得非常漂亮。他逼我学写毛笔字，并一笔一画地教我。我现在还能写点多少像样子的书法，就是得益于外公的启蒙。

孙冶方在北京，政治地位很高，住得也很好。我到北京外公身边感觉很风光，觉得他是一个非常了不起的人。由于他的革命经历，与周总理、陈毅、朱德等关系很密切，他们之间经常串门，我也成为他们眼中的小宠儿。周总理喜欢抱我，邓颖超大姐给我拿糖吃——那时候糖是非常珍贵的。外公和陈毅都是新四军出来的，所以关系更熟悉一些。陈毅抱我，喜欢用胡子扎我。我 8 岁那年，参加“八一建军节”活动，第一次见到毛主席，回来和同学讲我见到毛主席，他们还认为我在吹牛。那时候，我虽然不是很懂事，但也知道，北京的外公是革命的。他对我要求也很严格。我上小学时，有一门功课不及格，母亲最严厉的训斥就是：“你这样的成绩怎么交给外公？”她说的是北京的外公。

“文化大革命”开始了，我也十四五岁了，开始懂事了，但我两个外公却都从我生活中消失了。母亲警告我不准在外头讲任何一个外公，好像要把我童年这一段记忆抹掉似的。上海的外公作为资本家被抄家揪斗；北京的外公作为反革命也被打倒了。

徐庆全：那你呢？“文革”初期是不是也很狂热？有没有参与揪斗你的两个外公？

武克钢：狂热是肯定的，但没有参与对外公的揪斗。“文革”时我们家在武汉，虽然“文革”的风暴让我很狂热，也积极参与，但也没有想到我两个外公应该揪斗。不过，说起“文革”的经历，我也是很有意思的。今天一些有记载的“文革”中的大事，鬼使神差的我都在场。1966 年，毛主席在武汉横渡长江，现在还有一幅照片，除了保卫毛主席的人之外，还有一些孩子围在主席身边，其中就有我。这是当时王任重让他儿子王世龙安排几个同学来。那是我第二次见到毛主席。还有，因为我和王任重的儿子王世龙是同班同学，我也是第一批到北京参加“8.18”毛主席接见红卫兵的学生，住在中南海里。我采了好多中南海的松柏，回到武汉送给同学每人发一枝，让他们也沾点北京的“仙气”。上海王洪文带人冲击车站的“安亭事件”，我就在场。那时，我上海的外公还没有被揪斗，我去上海外公家，火车走到上海就被困了，在车里待了整整三天三夜。我到外公家后，外公一连串地向我发问：“你是不是红卫兵呀？”我说：“是呀！”他问：“你抄人家呀？”我说：“抄过。”他严厉地说：“不可以的，不对的。”其实，新中国成立以后，外公对共产党的政策是非常拥护的，1956年社会主义改造时，他也是积极参与者。但对于“文革”，他开始就是极力反对的。他认为这样做完全没有道理。

改变我家命运的是武汉“七二〇事件”。不仅我父亲被抓，我也被通缉。我是通缉令名单上年龄最小的一个，通缉令和红卫兵袖章还都在。父亲被抓前，给了我一张纸条，要我带着它去南京找许世友伯伯保命。这样，我才参了军。我父亲也是老红军，革命历史非常清楚，所以，虽然被抓但很快被放了。我母亲是属于知识分子家庭长大的，恪守着“好铁不打钉，好儿不当兵”的信念，因此，父亲一回家，她坚决又要父亲把我弄回来，宁肯让我去插队。插队时间不长，我就到大冶钢厂当工人，在钢厂入团后，表现特积极，还当过大冶钢厂的团支部书记呢。

徐庆全：你这样积极，是不是觉得你的两个外公，的确应该被打倒？

武克钢：对于上海的外公，我觉得他本来就是资本家，揪斗也是应该；对于北京外公，由于他坚持社会主义经济也要遵循市场规律，很早就对苏联的那一套提出批判，他在1964年就遭到了批判，而且这场批判还是康生发动的。“文革”中，他被继续批判并被抓进监狱，我也没有觉得特别不好理解。当然，我当时也不懂他的观点。说他们的确应该被打倒，那也不至于，因为他们毕竟是我的外公呀！但让他们接受批判，我也的确觉得应该。不过，后来我就不这么想了。

在北京与外婆相伴，接外公出狱

徐庆全：你说这个“后来”，是什么时候？

武克钢：就是“九一三事件”。“九一三事件”对我有一种晴天霹雳般的震动，我傻了，害怕了，开始觉得不对头了。那时，我就有些思考了。我掰着手指头数，毛主席身边的人，除了周总理，简直没有一个好人啦。我小时候觉得和蔼可亲的杨尚昆、陈毅等人，都是坏人，我难以理解，认为肯定是什么地方出了差错。推而广之，我的已经关在监狱里的北京外公和正在劳动改造的上海外公，我也觉得他们根本就不是坏人。我把这个想法和母亲说了，母亲40年代末在武汉读书时，就参加了共产党，当然看得比我更远一些，只是她不说而已。母亲给我讲了北京外公的学术观点，并把他的书找来给我看。我越看越觉得，北京外公真是了不起；越看越觉得，对他的批判是必然的，因为他的观点，与毛主席用“无产阶级专政下继续革命的理论”来建设社会主义的思路，简直是南辕北辙。

徐庆全：你是不是这时候才觉得，有这样的外公应该真正感到自豪？

武克钢：确实感到自豪。同时，也觉得，应该与外婆洪克平联系。母亲也说，等你到北京上大学，一定要看看外婆。

徐庆全：等你到北京上大学？你那时要到北京上学？

武克钢：那是1972年，是推荐上大学。我经过了工人推荐、党组织选拔几道关口，就等着录取了。但是，到最后我的名额被大冶钢厂军管会负责人的女婿顶了，我就没上成大学。这对我刺激非常大。我也不想沾父亲的光，就到长江航运厂当了一年水手，1973年才被推荐到北方交通大学。

母亲特别高兴。临行前，她把我叫到跟前谨慎叮嘱我："到了北京想办法去看看外婆，外公被抓起来了，他是以'反革命修正主义分子'的罪名被抓的。他是反对林彪的。现在林彪都死了，他也可能会很快被放出来。他是个老共产党员，是个好人。"母亲先让我向在北京的大姨妈打听情况，如果情况不好，就先不去。

徐庆全：你母亲不是也认为外公没有错吗？为什么还这样说？

武克钢：因为母亲担心，我费尽曲折才上大学，不要因为与外公的联系而影响我的前途。可是，我才不担心这些呢！通过思考及读外公的书，我已经坚信外公是好外公，他的观点是正确的。所以，我一到北京安顿好后，就在周日到大姨妈家打探情况。但亲友们都说，现在正在批资产阶级法权呢，对孙冶方还能放松？我想，不管如何，我要去看看外婆。我就向大姨妈要地址，并说是妈妈让我去看的。大姨妈给我写了地址，但不让我告诉亲友们。

徐庆全：那意思很明显，要去你自己去，别拉着你的亲友一起去，怕受牵连。

武克钢：亲友们有这样的心态也很正常，那时是人人自危呀！我妈妈不也担心我的前途受影响吗？

徐庆全：可你却不管不顾。你去了吗？

武克钢：当然去了。那时，外婆住在三里河一个筒子楼里，早就不是我小时候印象中漂亮的四合院了。自外公被抓后，外婆一个人独居，基本上不和任何人来往。我敲了半天的门，也没有人应声。后来，外婆说，她就想不到会有人到家里来的，以为是敲错门了。外婆见到我后，一把就把我抱住，老泪纵横，哽咽着说："没有想到你会来，你外公也不知被抓到哪里了，这么多年都没有音信了。"然后，又急切地问："你母亲还活着吗？你家里人还好吗？"都有些语无伦次了。我也是大男人了，但止不住泪水。

徐庆全：那是自然，在那样的氛围下，你能来看她，她自然感动。其实，亲人相见，才分外眼红的。

武克钢：可是，刚“眼红”不一会儿，外婆就催着我赶快走。

徐庆全：外婆是不是也担心你受到牵连？

武克钢：是的。外婆对我说：“你快走吧，我见到你心里是高兴，但你现在是大学生了，不要因为你外公影响你的前途。”我才不管呢。我对外婆说：“你放心，我不怕，也影响不到我。”我这个人就是这样，自己认准了的，就不怕任何事情。后来，我经常来，帮外婆做家务，帮她劈柴、烧煤、做饭。慢慢地，她也不再顾忌了，还经常高兴的对邻居介绍：这是我外孙。

徐庆全：你跟外婆都谈些什么？

武克钢：谈得最多的还是外公。我虽然从小就知道，外公很不简单，与中央领导同志关系那样密切；读了他的书后，我又觉得他最有学问，更了不起。但是，我对外公的历史了解很少。外婆谈得最多的，就是关于外公的历史。从外婆那里我才知道，原来外公是这样了得：老共产党员，还和王明、杨尚昆、张闻天等人一起在苏联留过学。外公因为江浙同乡会事件，当年还差点被共产国际枪毙，因为蒋经国的缘故才保了一条命。邓小平、叶剑英从法国回来到莫斯科学外语，学政治经济学，外公就是他们的老师——后来，外公病重邓小平看望他，称呼他为“孙老师”就是这么个来历。

徐庆全：了解了外公的历史，是不是对外公就更加崇敬了？

武克钢：不是崇敬，就是觉得外公的骨气特硬。那时，外婆最担心的是外公的生死，她想知道外公是否还活着。外公抓走后，既没有人来通知过她什么，也没有人叫她送过衣服，她也不知道去找谁去问。我就到外公所在中国科学院学部经济研究所去打听。可是，经济所早就乱七八糟了，不知道谁是谁了，根本问不出来。

徐庆全：但不管怎么说，有你常来看外婆，外婆毕竟要比一个人独居要好多了。

武克钢：那是啊，不过，后来外婆就更高兴了，因为他们的养女李昭也来了。李昭的父亲李斌，“文革”前是四川省委副书记，是“文化大革命”中第一个自杀的省级干部。李斌当年也在新四军，与外公很熟，后来两人又都搞经济，就成为哥们了。外公、外婆没有子女，李斌家里孩子多，就把李昭交给外公外婆带着，也就是养女了。

徐庆全：李斌也很了不起，搞经济工作有一套。1953年，曾有动议让他到北京来担任经委的工作。他死得很惨。我的杂志发表过他的女儿李静的回忆文章。

武克钢：李昭来了以后，外婆生活得更好一些了。这时候已经是1974年了，周总理病重，邓小平复出，大刀阔斧地整顿“文革”的混乱局面，对老干部的监管也逐

渐放松了。这一年的10月,有人通知说,外公还活着,可以去看他。我立刻陪外婆到秦城监狱去看外公。但到秦城监狱门口,我却不能进去,只让外婆一个人进去。外婆出来就哭了,告诉我:“老头子太可怜了。”外公倒没有诉苦,只是向外婆要草纸,后来才知道他是用来写东西,要被子,说这里冬天很冷,被子太薄了。他告诉外婆,在监狱六年,他就做两件事:一是写外调材料,一是读马恩和毛泽东主席的著作,他把《资本论》都快读烂了。

徐庆全:其实,当时孙冶方在监狱里也没有停止过思考,他还在写作,只不过是靠打腹稿而已。

武克钢:是的,但是他还不能和外婆说这些。后来,我又陪外婆去过几次,但都不准许我进去。1975年初的一天,外婆突然打电话到学校找我,留言说有事。我就赶到外婆家,原来外公要被放出来了,要我陪她一起去接。那天,学部的军管会也来人了,陪我们一起去秦城监狱。外公走出监狱大门后,我看他有点迷茫有点糊里糊涂的样子,可能因为他在没有任何精神准备的情况下,就被放了出来的缘故。这是我10年后第一次见到他。他有些茫然地盯着我,后来才如梦方醒地叫了声“沙沙”,那是我的小名。没有意外的惊喜,平淡得一塌糊涂,而却我忍不住泪水。

徐庆全:大概由于军管会的人在,外公也不好说什么吧。

武克钢:是的。不过,这次放外公出来,我们感觉很突然,并且也不知道放他出来以后怎么安排。在路上,军管会的人也没有说。接到他以后,车子就直接把我们拉到学部军管委员会去了。等了片刻后,来了一个军管会的什么人,趾高气扬地和外公谈话:“你的罪行是严重的,你反对毛泽东思想我们是记录在案的。党的政策是……。”外公沉静地说:“我也不知道我为什么坐牢,我也不知道你们为什么把我放了,既然你代表组织跟我谈话,那我就谈三点:我一不改志,二不改行,三不改观点。对我的学术观点,可以讨论,可以争论,可以批判,但我还没有认识到我错在哪里!”军管会只好自我解嘲地送外公回家。

徐庆全:回来以后,有关部门有没有再找麻烦?

武克钢:没有。中国的事就是这么奇怪,说复杂就复杂,说简单就简单。外公回来后也没人管他,也没人发给他工资,也没人找他谈话,起码三个月没有一个人来看他,他成了被“遗忘”的老人了。他也不敢和人家联系。当年抄家时,红卫兵把外公家都抄遍了,书全部搬走了,就一样东西被外婆保护了下来—— 一台20吋的苏联产的黑白电视机,这在当时是稀有的东西。外公就靠它解闷。外公回来后,我天天去他家,大姨妈和小阿姨李昭就礼拜天抽空来。那时只靠外婆一个人的工资,生活过得很拮据。

在“反击右倾翻案风”的风浪中

徐庆全:对于一个在监狱都思考的人来说,不会这样只靠电视机解闷吧?他有没有和你详细聊监狱里的生活?

武克钢:聊过,他详细地给我讲了为什么他会很早就被抓进监狱。他告诉我,至少从1958年开始,中央的一些人就对他很不满意了。他说:“1958年大跃进时,‘一大二公’之风盛行,张春桥在《解放》杂志上发表文章,鼓吹供给制。我坚决反对,由此我提出了‘价值论’。张春桥不满还在其次,因为那时他还构不成对我的威胁,当然,后来,‘文革’时就另当别论了。主要是中央有些人对我不满。1962年6月到8月,陈伯达邀请我每天去《红旗》杂志编辑部参加‘座谈会’,康生也几次约我去‘座谈’,让我讲我自己的学术观点。其实我知道,那是他们‘钓鱼’,以便收集我的‘修正主义罪证’,然后再将我一棍子打死。有些好心人劝我不要参加,我坚决要参加。我对他们说:‘我不需要三不主义(不抓辫子、不打棍子、不戴帽子),只要有答辩权,允许我反批判就行。帽子总是要戴的,不是戴这顶,就是戴那顶,可是答辩权最要紧。’1963年底,那时候已经在‘反修防修’了,我在哲学社会科学部一次扩大会议上还是讲了我的关于利润问题的观点。一些朋友到我家里劝我,我还是认为,坚持自己的学术观点比什么都重要,谢绝了朋友的关心。”

徐庆全:孙冶方的朋友后来对这次会议的情况有回忆。朋友对孙冶方说:“现在风声很紧,还是不要再讲利润问题。”他回答:“什么是风声?我不是研究气象学的。”这样掷地有声的回答,说明他对学术严重的“风派”行为是深恶痛绝的。他的老朋友、经济学家平心死后,他感念平心的风骨,发议论说:“我憎恨那些文化专制主义及其卵翼下的恶霸、恶棍,但我也讨厌那种闻风而动的‘风派’人物。这些人并不是不懂马列主义常识,而是有私心,因而,东风来了唱东调,西风来了唱西调,经常变换脸谱,完全丧失了一个科学工作者起码的品质即诚实。所以,我们在反对文化专制主义的同时,也应该反对为个人私利出卖原则的恶劣学风。”孙冶方抨击的“风派”,如果从中国文化的渊源来考察,“风派”实际上就是一种封建的“史官文化”,只不过换上了“马克思主义”的脸谱而已。

武克钢:是啊,他不会做“风派”人物,仍然坚持按自己的观点写这方面的文章,公开刊物发表不了,他就在内部刊物发表。用当年康生的话讲,简直是“死不改悔”了。到了1964年年,康生、陈伯达就根据外公在内刊上发表的文章,给他戴上“中国最大的修正主义者”的帽子。有一次他们指定他去参加会议,讨论一篇在他

指导下,由几个年轻人写的有关生产价格的论文。他挺身而出,把火引向自己。他说:“不必批判年轻同志,这些观点是我的。”他就这样承担了政治责任。在会上他阐发了价值规律的作用和资金利用效益的重要之后,严正声明说:“要解决几十年的疑难,是要冒点风险的。尽管人家在那里给我敲警钟,提警告,说这是修正主义观点,我今天还要在这里坚持自己的意见,以后也不准备检讨。”在重重的压力下,有的人放弃了原来的观点,有的人灰心失望准备改行。可是他在会上公开宣布接受挑战。他说:“对我来说是遭遇战,我应战。”他还说:“你们没有把我打垮,现在没有分清社会主义和资本主义的不是我,而是别人!”从此对他的打击一步步升级,直到“文革”开始,1968 年 4 月 4 日夜间他被戴上手铐,关进秦城监狱以后,人们才再也不能够听到他的声音。

徐庆全:中国的文人大致分三种:第一种是圣上圣明,是为御用者也;第二种是知道圣上不是老圣明,发表点不同意见,一旦圣上说自己圣明,他也就立刻转向,是为准御用者也;第三种是,圣上圣明,我思考;圣上不圣明,我也思考,是为非御用者也。孙冶方无疑属于后者。不过,在中国坚持独立思考的批判精神是要付出巨大代价的。

武克钢:是啊,所以我说,“文革”中他被抓进监狱是必然的。不过,他进了监狱还跟管理人员“叫板”。他对管理人员说:“死不足惜,声誉毁了也不要紧,我长期从事经济学研究所形成的观点决不能丢,我要为真理活下去,要在死前把它留下来,让人民去作公正的判决。”他坐了 7 年的牢,在牢房中一直坚持写他的“论战书”,这些理论是他经过了 20 年的“反思”,因而他是有充分信心的。狱中没有纸,没有笔,他就打腹稿,反复背诵,达 85 遍之多。他长期患肝病,居然熬过了极端苦难的 7 年铁窗生活。真是奇迹!

徐庆全:老人家是靠信念活着的,要不然也不会刚过上几年好日子就去世了。

武克钢:是啊。据当年被关进秦城监狱后两三年就放出来的人到我家说,那里是单人监禁,没有人说话,人很容易被关疯的,犯人们都盼望提审,好有说话的机会。外婆一听,就哭着对我说:“老头子被关了好几年了,你说他会不会被关疯了?”在一旁的徐雪寒叔叔说:“你放心,老孙不会疯的,他是个有信念的人,他会好好地活下来的。”的确如此。外公谈到这一点时说:“我要感谢政治经济学,是政治经济学救了我的命,我的观点是我的精神支柱。”

把他从监狱接回家不久,他好像从迷迷瞪瞪的状况中醒过来了。他对我说,他要看书,让我到我们学校图书馆给他找书找报纸。我们图书馆也没有什么书,就把这几年的报纸给他借回来,他翻看了一遍。然后,让我到学部去找他被查抄的书。我求爷爷告奶奶地费了半天劲,才知道书的下落——都放在学部的地下室了。但是,军管会的人不让我搬走。我与他们大吵大闹,他们作了让步,说,要搬也可以,但要经过检查,把反动的书留下来,不反动的可以搬走。他们检查了半天,给我留下的大多是马恩列斯毛的著作。我和同学顶着大风,蹬着板车给拉回来。就是这样,外公也高兴坏了。

徐庆全:有书可读,他当然会很高兴了。那时候他是不是整天读书研究?

武克钢:也不是。那一段时间,他同时干四件事情。

第一件是读书。其实,他在监狱里就把《资本论》、《马克思恩格斯全集》从头到尾咀嚼到了烂熟于胸的程度,又重新读。那时候,张春桥有一篇著名的文章,叫《破除资产阶级法权》,认为价值和商品,造成资产阶级法权,引用了很多马克思、恩格斯的原话。外公读后,说,这是断章取义。他查马克思、恩格斯原著,写了一篇驳斥文章。我帮他抄写后,他写上"送中国科学院学部"。我和外婆担心:要是送上去他会不会又被抓进监狱啊! 他坚持要送上去。后来,江青在大寨的讲话又点他的名说:"孙冶方又要翻案了。"与这事是有关系的。他不但不怕,还坦然地说:"我有什么案可翻? 至于经济学问题,我可以同她争论。他们把经济搞成了这个样子,难道也是我孙冶方的罪过吗?"

第二件事,整理他的《社会主义经济学纲要》。这是他在监狱里默诵几十遍的一部书稿。他口授我帮他记录,一部分一部分地来,也只完成了一小部分。粉碎"四人帮"以后,经济所专门安排助手帮他整理。

第三件事,是与一些"老右派"们串联。1975 年下半年,这些"老右派"们活跃起来,互相串联。外公家里常常门庭若市。陈翰笙、阳翰笙、徐雪寒、梅益、方毅、宦乡、汪道涵、张劲夫等等,我在报纸上常看到的"反革命分子"都来了。他们来,只要我在,都是我做饭。外婆常对来人夸我:"沙沙能做一桌子酒席呢。"他们在饭桌上什么都说。你还别说,这些人还都挺"猖狂",议论国家大事,那真是放言无忌。我印象很深的是,这些朋友在家里议论毛泽东,外公声音特别大。

第四件事是,写各种各样的材料。外公经历比较复杂,他说,现在有很多人因为历史问题被关进监狱,遭受审查。有些事情我是知情者,一定要如实写出来,交给组织,不然,有些人会一直被冤枉下去的。他是抱着对历史负责的态度来做这件事的。他写过有关"二十八个半"的材料,江浙同乡会的材料,关于上海地下党、关于潘汉年和扬帆的一些事情。这些材料都是我帮他抄写的,由此,我也知道了很多历史上的一些事情。外公对扬帆和潘汉年遭遇不幸常常感到不平。他在材料中专门写了这个问题。后来，我陪外公到上海见过扬帆，他的眼睛都瞎了，外公和他见面就抱头痛哭。我帮外公抄写后，外公仍然要很正式地写上“中国社会科学院学部”，认真地报上去。“反击右倾翻案风”时，江青说：“小小孙冶方胆大包天，竟敢直接攻击毛主席！”这话就是冲着他送上的那些材料来的。

徐庆全：“反击右倾翻案风”已经是1976年了，“四人帮”一伙占了优势，对孙冶方有没有采取实际行动？

武克钢：没有了，1976年的形势眼花缭乱，我想，江青他们也顾不上了，只是口头批判而已。

徐庆全：1976年初总理去世，接着发生了震惊中外的“四五事件”。外公和总理感情很深。那时候，他是怎么看的？

武克钢：总理去世后，外公一天没吃饭，唉声叹气，烦躁不安，时不时地老泪纵横。这时我才知道总理在外公心中的分量。4月5日悼念总理的活动中，我是积极的参与者。从3月底广场上开始摆放花圈开始，一直到4月5日被镇压，我都在广场。最后一个花圈是我们学校的，我扛进去的。镇压天安门事件的是首钢和长辛店的工人民兵，正好有一个带队的人是我们学校毕业的师哥。他告诉我们，已经下了镇压令了，外面封了你们出不去了，跟我们在一起吧。我就跟他们一起混出去了。

那段时间，外公也挺有趣的，好像一个老小孩儿到处打听消息。来家里传消息的人也多。传邓小平的话、毛主席的话。我记得学部原来的党组书记梅益来，还跟外公开玩笑说：“这次‘反击右倾翻案风’跟你老孙也有关啊。江青就说过，小小孙冶方竟然敢反毛主席，这样的右倾翻案我们不打倒行吗？”外公哈哈大笑。

我每天从广场回来，就向外公详细汇报。外公常常很兴奋，说：“人民开始觉醒了。”有一天，他对我说：“你带我去看看吧。可外婆坚决不同意，甚至同外公和我吵起来了。外公和我无奈，就趁外婆睡午觉时，偷偷溜出去。我和我的同学用自行车把他从三里河推到天安门广场。外公长得像外国人似的，穿着50年代的呢子装，又拄着拐棍，很洋派地在广场来回看，在总理遗像前鞠躬，很引人注目。据说外公还被当时的监控人员拍下来了。悼念活动被镇压后，外公非常愤怒，情绪都有些崩溃了，觉得国家又将陷入深渊，他也会被再次抓起来。他甚至精心地安排后事。他要我少到家里来，怕他的身份牵涉到我。他把他的经济学的手稿交给李昭和我保存，希望将来有机会发表。这一切安排妥当以后，才又像无事人了。

徐庆全：是啊，那时候的形势的确不看好。但谁也料想不到几个月后“四人帮”

就垮台了。

武克钢：可那时候我就没有外公那样紧张。我觉得形势不会那么严重，“四人帮”不得人心嘛！于是照常到外公家里来。头几次外公还劝阻我，后来也就不再说什么了。“七二八”唐山大地震后，我们奉命赴唐山参加救援行动，立刻出发，我也无法照料外公了。因为那时还有余震，我担心外公外婆的安危，就和同学一起忙活了一下午，在楼下给他们搭起了非常简单的防震棚。外公倒悠然自得，穿着睡衣在地震棚里说：“我这是在野营呀！”可爱得像个孩子。后来，李昭把他送到无锡老家去了。

改革开放政策的推手

徐庆全：1976年9月9日毛泽东去世，10月6日“四人帮”被粉碎，那时候你还在唐山吗？外公还在无锡吗？

武克钢：我们俩都回来了，又在一起了。

徐庆全：对于这两件大事，外公是怎么看的？

武克钢：毛主席逝世，我和外公都没有过度悲伤。总理、朱德去世时我们非常痛苦。因为受身边发生的事情的感染，毛主席“神”的光环已经消失了。那时，我很关心毛主席逝世后的政局。我和外公仔细看参加毛主席追悼会的长长的一串名单，煞有介事地讨论政治局人选，分析邓小平还有没有机会，谁能帮邓小平，谁和江青等人站在一边。

“四人帮”倒台的消息，我在10月6日下午就知道了。我们学校高干子弟比较多，消息也比较快。华国锋女儿的男朋友在我们学校，他傍晚就告诉我们了。7日上午，当时主持铁道部工作的郭维成的女儿，是我同班同学，郭也参加了西山会议，就把这个消息告诉他的女儿。消息得到了确证，我非常兴奋，也不管上课了，就直奔外公家告诉他这个好消息。外公兴奋得像小孩一样，用拐杖顿地，大喊大叫。然后，他就到处散布这个消息。而我到大姨妈家报信时，大姨妈根本不信，一把抓住我说：“天安门事件你就把我吓个半死啊，你现在又搞什么呀！不准再胡说八道。”

徐庆全：粉碎“四人帮”后，国家面临着拨乱反正的艰巨任务。自1958年以来，经济建设走上迷途，到“文革”更加陷入崩溃的边缘，而“四人帮”在经济界的流毒格外深。因此，经济界拨乱反正的任务格外艰巨了。

武克钢：是的。这时候的外公，仿佛焕发了青春，无所顾忌地投入了拨乱反正洪流中去。他撰写了好几篇文章，肃清陈伯达、张春桥的“供给制”、“资产阶级法权”等谬论。他的批判文章影响广泛。外公以他的理论勇气和人格魅力，在打破迷

信、解放思想方面，起到了极大的作用

徐庆全：我采访经济学家赵人伟时，谈起这一段历史，他十分推崇孙冶方的理论勇气。他说："对传统体制弊端的分析和解剖，孙冶方的贡献甚至超过了顾准。"

武克钢："文革"后，外公快70岁了，仍努力学德文，作调查研究，写文章，读书做笔记。他的思考也十分活跃，并对中国的体制作了深层次的思考。他在1977年11月16日的日记里，记载他通过读书和思考，认识到权力的腐蚀作用。这对他来说是一重大发现。还有一件事。1978年6月下旬，他从外地讲学回来，对于"唯上"的学风提出了批评。他以马寅初的人口论为例，十分赞赏马老在1959年遭到围攻时说的一段话："我虽年届八十，明知寡不敌众，甘愿单身匹马，出来应战，直到战死为止，决不向以力压服不以理说服的那些批评者们投降。"

徐庆全：中国历史上本来就有三军可以夺帅、匹夫不可以夺志的传统，外公是以此来勉励同道的。

武克钢：1979年9月，外公检查身体，发现胆囊附近有黑影，医生从他腰部抽出了淤血，于是立即剖腹检查，发现是晚期肝癌。他开刀不久，就支撑着伤口未痊愈的病体，为多年未得彻底平反的老战友沙文汉向中央写报告。这报告是他用两条长纱布拴在床上，拉着纱布强坐起来写成的。

动手术后，外公休养了一个时期，又开始各种活动了。他照常读书写作，参加会议，不断地发表自己的学术见解。用他的话来说，是"放炮"。在一次中央经济工作会议上，他的讲话很尖锐，引起一些人的震惊。会后，他遇见李先念就问："我是不是有些过了？"李先念说："孙老你又放炮了，不是过了而是轻了一点，要多放几炮支持一下小平。"外公这些人是全力支持邓小平的。在我看来，推翻"四人帮"是民心；免除华国锋职务是党心。

外公尽管身体虚弱，但他还是继承30年代的传统，搞调查研究。他经常拖着病弱的身体，到处走。他到四川时，我陪同他一起去。当时的四川领导人热情地接待他，并和他就一些经济问题进行探讨。此外，他还到云南、山东等地考察，写了大量的文章，论述改革开放政策。

徐庆全：其实，外公不仅关注经济问题，还常常"管闲事"，对文艺界的事情也不平则鸣。王元化先生生前我曾采访过他，他与孙冶方在上海沦陷时期就在一起工作。他提到外公为电影《天云山传奇》写文章的事。

武克钢：对这件事，当时我也认为他在"管闲事"。鲁彦周的《天云山传奇》好像是1982年放映的，放映不久就被某些报刊斥为"完全歪曲了反右斗争的真相"，认为它是“资产阶级自由化在文化上的反映”。外公在医院里看到这些评价后，就对我说：“想办法给我找来看看。”我费了半天劲才找到一个录像机和带子，在病房里放给他看。看完后，他说：“这种指责完全没有道理。第一，反右派题材的东西不能禁止；第二，和资产阶级自由化也不沾边。”我要写文章对这种无理的指摘进行抗争。他给夏衍和张光年打电话，说要写文章。夏衍和张光年虽然对外公的支持表示感谢，但都不同意他写文章，因为他的身体已经不行了。我也反对，要他爱惜自己的身体。但他还是坚持要写，以分明的是非和热烈的爱憎，投入了这场论争中去。文章发表后，反响很大，这部片子基本上得到了肯定。

徐庆全：是啊，外公和鲁彦周素不相识，这就让鲁彦周和导演谢晋非常感动。王元化先生对我说过：“十二大开幕那天，趁会前的空隙，我从拥挤的大厅中把鲁彦周找来，让他和孙老见了一面。鲁彦周握着孙老的手，热泪盈眶。”

武克钢：可以说，他的一篇文章救了这部影片，他的“闲事”管对了啊。

临终前仍念念不忘自己的使命

徐庆全：你 1979 年到蛇口去工作了，与外公的接触也就少了吧？

武克钢：我 1979 年到蛇口，只是短期考察。1980 年才正式到蛇口工作。蛇口是“特区”，一切都在试验。我虽然见外公的时间少了，但我们经常联系。对于蛇口特区这个新生事物，外公极为关注，经常写信或打电话给我，要我告诉他蛇口的情况。1981 年，“反资产阶级自由化”时，刚上马的特区就被攻击为资产阶级的温床。有些所谓的理论家，还酝酿写了一篇《租界的由来》，广为散发，挑起了“姓资姓社”的争论。外公很关注。他特意给我写信，要我把对香港经济发展的看法，我在蛇口的感受，实事求是地写给他。我给外公写了一封长信，谈到蛇口生机勃勃的景象，对那些挑起“姓资姓社”争论理论家们表示了自己的不满。这封信经外公修改后，变成了我写的一篇文章。外公送给了胡耀邦。耀邦批示给有关部门参照，并将附件给了外公。后来，我才知道，这篇文章还起过一些作用的。

也是在这次争论中，原来派我们到蛇口的交通部，担心又犯路线错误，把我们全部调回来，规定：全部干部撤回，一个不留，谁留下是党员的开除党籍、是科技人员的开除公职。两百多干部都撤回，等于让蛇口这个新生事物陷入困境。我对此坚决反对，坚持要留下来。我和外公谈了自己的想法，外公坚决支持我，并鼓励我在那里干出一番事业。这样，在北京，交通部找我谈话时，我明确表愿愿留在蛇口，在哪都是为党工作。结果，交通部就留下我们三个人。我告诉外公后，外公很高兴，并

鼓励我，不管遇到什么样的风浪，一定要坚持住。

徐庆全：我看到有关蛇口特区的著述中，多处提到了你。后来，你还当了官。看来你没有辜负外公对你的期望。

武克钢：是的。1984年，我被提为蛇口区的副区长，行政级别属于副厅级。我来北京公干时，我的交通部的老领导苏宁见到我说："鼻子一犟还犟出名堂来了！如果留在交科院你还当副局级？连课题组长都通不过！"不过，那时外公已经去世一年多了。

徐庆全：你在蛇口期间，外公已经因病住院了。想必你也没有时间常来看他吧？

武克钢：我虽然在蛇口，但回北京的机会非常多。每次回来，我就要外公身边待几天，等到他1982年因癌症住院时，我在北京的时间更多了，常常陪伴着他。1979年，在得知外公得癌症后，小平同志有一个意见："一定要把孙老的经济观点留下来！"中央为了抢救外公的经济思想，在青岛组织了一个写作班子。参加这个班子的人，现在都成了叱咤风云的经济学家了。

1982年，外公病势转危，住进了医院。不过，他对中国经济的思考一刻也没有停息过。这一年，十二大召开，他作为中顾委委员、大会代表，在会上做了一个发言，认为党中央提出的从1981年到20世纪末的20年内，争取全国工农业生产年总值翻两番的奋斗目标，是有充分把握实现的。但是也有人信心不足，认为速度定得太高，又要犯浮夸与冒进的老毛病。中央领导同志从简报上看到了这个发言，便想请他写篇文章详细地论述一下这个问题。接到通知后，他一刻也没放松，总是念叨着："这是中央交给我的任务，我一定要把文章写好。"

当时的国务院总理看到他的发言后，专门到医院来和外公商讨，我正好在。总理就经济管理问题征询外公的意见。外公说："总理，要管好经济工作，记住一点：统计要独立。我们吃统计的亏太大了，统计不独立，统计就不真实，经济就会出问题。"后来《人民日报》发表了《统计要独立》的文章。谈到经济20年翻两番的想法，总理问："我们到底有没有把握？有些人有不同意见。"外公说："我经过思考，认为有把握。我正在写文章阐述这种思考。"这次谈话后，外公的意见被写进了总理的《政府工作报告》。后来，外公就写了他生命中最后的一篇文章——《二十年翻两番不仅有政治保证而且有技术保证》。

徐庆全：这是一篇当年反响很大的文章。它的意义不仅是经济上的，而且是政治上的，对那些迈不开改革开放步伐的人，是一个很大的冲击。

武克钢：是啊，现在来看，意义更大。你不知道，那是外公在病床上写的。那时，他的身体已经不行了。他让人把一大摞子的书和参考资料都拿到病房里,他自己看,也让人们给他读。我还专门请人给他做了一张床桌,把床摇起来后他就可以俯在床桌上写东西。这篇文章,他先给我讲,我就记录;有一个稿子后,他再讲,助手记录。最后他修改。助手把稿子给他逐字逐句地念了一遍,他边听边提出修改意见。晚上,他又让我再把稿子一遍又一遍地念给他听。我念的都已经口干舌燥了,他还是倾注全神在听、在思考、在推敲。次日一大早,他一遍一遍地修改着。打印后,晚上,他又让我再把稿子一遍一遍地念给他听。

稿子见报当天,下午两点,总理办公室打来电话,告诉他,总理已经看了他的文章,认为写得很好,对于当前的国民经济调整和2000年远景目标的实现,都有很好的作用。而且还告诉他,胡耀邦同志看了,陈云同志看了,都认为写得很好。后来,姚依林、陆定一、薄一波、伍修权、周扬、薛暮桥、于光远等都打来电话,祝贺他为党、为国家写了一篇很好的文章。

外公听后,一阵轻松,对李昭和我说:"这是我最后的一篇文章了!"我们自然心情很悲凉。

徐庆全:看来,外公对自己的身体状况还是了解的。他这是奋力一搏了。外公去世时,你在他身边吗?

武克钢:在。外公在弥留之际,提出一个非常怪的要求,想吃红萝卜皮cheese,也就是奶酪。很多人都不知道,这是一种什么东西,但我知道。因为外公给我讲过。当年,外公在去莫斯科留学的火车上,每人发几个面包和两个红萝卜奶酪。有一天,苏联的列车长冲进中国留学生所在的车厢,大喊大叫大骂。后来才知道,有人嫌红萝卜奶酪不好吃,扔到厕所里被苏联人发现了。这位列车长很愤怒,叫嚷说:"全苏联人民都吃不上的东西,优待你们这些学生,你们居然给扔了。"后来才知道,是王明扔的。外公说,他们不喜欢吃,可我喜欢吃。所以,当外公一提出这个要求,我就明白了。可是,当时条件有限,到哪儿找呢?后来,还是梅益通过关系找到到外交部才弄到的。外公躺在病床上,一片一片地削着吃,一脸陶醉。他削一片给我吃,我一尝差点没吐出来,一点都不好吃。外公说我是"土包子",洋东西你不会吃的。

外公其实挺洋的。1949年上海被接管以后,外公在上海财委工作。办公地点是原来日军侵华司令部。当时要把资产阶级的东西全部清走。外公突然发现,有留声机和一柜子唱片。他就把这些搬到了办公室一直保留到他去世,现在都在我这里。外公一辈子喜欢听音乐,而且听到了很高的境界。在他住院时,留声机拿到了病房,他就在这音乐中与病魔抗争。我在陪伴他的过程中,听懂了贝多芬《英雄交响

曲》等等。他不会弹琴但他会听音乐。古典音乐,曲子一响他就可以讲出音乐表现的意境。所以,追悼会时,我自作主张:不放哀乐,放贝多芬的《英雄交响曲》,因为这是他生前最喜欢听的。

徐庆全:我看到过外公的遗嘱,其中一条是不开追悼会。可是后来还是开了。

武克钢:外公的遗嘱是这样写的:"死后尸体医学解剖,不举行告别仪式,不留骨灰,不开追悼会。对我的经济学观点,开个评论批判会。正确观点,广为宣传;错误观点,加以批判,以免贻误社会。"以外公的贡献和级别,如果按照遗嘱不开追悼会、不发讣告,中央不好办。后来,还是搞了一个小型遗体告别仪式,不算是追悼会。这个仪式是我一手操办的,我不要一个花圈,但是满屋子布满了鲜花。杨尚昆、李先念、王震、谷牧、姚依林、方毅、张劲夫、汪道涵等,都来了。王光美阿姨一直在现场陪伴着我们。

徐庆全:这个告别仪式是别具一格的。

武克钢:外公一生特立独行,我想,如果他在天有灵,一定会喜欢这样的送别方式的。告别仪式结束后,把外公送进火化场,我才陡然感到失去外公的痛苦,失声痛哭了两个多小时。

徐庆全:外公去世前,由薛暮桥、徐雪寒等55位著名经济学家发起成立了孙冶方经济学基金会。薛老提议:"孙冶方搞了这个基金会,以后我们其他人就别再搞了。我自己表态,以后绝不搞以自己名字命名的经济学奖。"孙冶方经济科学基金会成立已经25年了,推出了一批一批经济学家,像现在著名的李克强、周小川、楼继伟、李剑阁等等。外公在天有灵,也会欣慰的。

武克钢:其实,孙冶方经济科学基金会除了推出新人的作用,还有团结"旧人"的作用。

徐庆全:什么意思?

武克钢:我这里说的"旧人",是指一些老经济学家。你知道,改革开放30年了,在这个过程中,经济学界观点分歧相当大,"左"、右之争在经济学界表现得更强烈一些。不同观点的经济学家,很难坐在一起。可是,每当孙冶方经济科学基金会或开会或评奖时,不同观点、甚至是针锋相对的人,也能聚在一起,共同商讨问题。我作为理事,看到这一幕都觉得很好玩。一位经济学家曾感慨地对我和李昭说:如今的经济学门派很多,有些会你出席了,他就不出席,也只有在纪念孙冶方的旗帜下,才能把这么多不同门派的经济学家聚到一起。

徐庆全:我想,这是外公学术品格的感召力。非常感谢你接受我的采访。

经济学人路深浅，叩问国计为民生

——我“师父”汪祥春教授

卢昌崇*

在美丽滨城的东财园，清晨或黄昏，总有一对老人手拉着手悠闲地散步。老先生个头不高，衣着简朴，黑发依旧，步履坚定。老太太个头儿似乎更矮些，精神头儿却巾帼丝毫不让须眉。俩人都洋溢着青春的活力。老先生就是国内外颇有影响的经济学家汪祥春教授，人们尊敬地称他“汪老”。老太太是汪老的夫人——刘孟筠教授。汪老是我的恩师，我们背地里称他为“师父”，是这篇文章的主角儿。

汪祥春教授

“师父”的履历并不复杂。他生于1918年，浙江省黄岩县人，产业经济学专业博士生导师，政府特殊津贴获得者。1939年毕业于中央政治学校大学部经济系，同年就职于浙江省财政厅，从事税务工作。1942年考入西南联大南开经济研究所学习，1944年以将近12万字的毕业论文《利息理论的发展》获得硕士学位。1947年至1949年在美国威斯康星大学和芝加哥大学留学，师从经济学大师米尔顿·弗里德曼(Milton Freidman)等学习价格理论与就业理论。建国后先后在东北统计局、东北计划统计学院、辽宁大学、辽宁财经学院、东北财经大学任职或任教，并被大连理工大学、福州大学、江西财经大学等校聘为兼职教授。

但“师父”的求学经历却步履趑趄，一波三折。他所掌握和创造的精神财富，学贯中西，令我辈高山仰止。他教书育人的道德风范，将名垂校史，令我辈瞠乎其后。今年是“师父”的90大寿，师兄弟们推举我写篇东西把“师父”“隆重地”推到读者面前，以为祝贺。有掌声？嘘…… 轻点儿！我“师父”可是个怕羞的人。为尊重读者

---

*作者系东北财经大学工商管理学院教授。我的学生刘宝宏为我整理了大量写作素材和底稿，同门师兄弟们几度相聚，提供和“挖掘”恩师的“奇闻轶事”。没有他们的帮助，由我独为此文几乎是不可能的。文责我负。

计，以下我将顾不得忌讳而直呼其名，失敬之处还望“师父”担待。

一 求学：一路深浅迎朝阳

一个人的生命轨迹往往不是事前设计的结果，而是多种因缘际会的巧合。1935年，汪祥春高中毕业，考入国立中央政治大学。国立中央政治大学是民国时期国民党培养党政干部的最高学府。[①]在当时，一旦进入中央政治大学，就意味着这个人步入了飞黄腾达的仕途，所以追逐者众，竞争格外激烈。但是，汪祥春瞄准这一学校的理由却有点“另类”：他于仕途并无兴趣，但这里免费吃喝，每月还发3块大洋零花钱！要知道，在当时，3块大洋于贫寒之家来说可不是个小数目。

在上海市立敬业中学高中部学习时，年少的汪祥春十分喜欢工科，毕业后的理想也是考一所理工类大学。但是，高中毕业时，父亲病逝，使原本并不富裕的家境雪上加霜。此时，汪祥春面临着人生第一次选择：是报考自己偏好的理工类大学还是进吃穿住用全部公费的中央政治大学？前者虽是他的最爱，但学资昂贵，犹如一只猛虎拦在校门，无奈只好选择后者。初入中央政治大学时，他所学的专业并不是经济学，而是统计学，因为他数学好。汪祥春回忆道：“那次，我数学考了100分！”然而，经过大约1个学期的学习，汪祥春却转到经济学专业。理由是“我发现经济学比统计学有趣味，也许更有利于‘修身，齐家，治国，平天下’”。就这样，汪祥春开始了他的经济学之路。

成功的道路总是曲折的。汪祥春凭着“兴趣”和“谋划国计民生”的宏大志向跨入了经济学门槛，毕业后首先走上了仕途。1939他被分配到了当时的浙江省财政厅，任龙泉县税务局局长，1年后转为“财政厅视察”。在当时，这可是一份令人眼红的工作。但是，汪祥春却又做出了一个令很多人困惑的选择——辞职，考研。主要缘由有二：一是不擅仕道，难以施展谋划国计民生的抱负。工作中上下对他都“不满意”：他上不肯媚官，拒绝送礼，下不肯扰民，常拒人送礼人于门外。如此一来，上司没实惠，下级没希望，两者就都给他“画叉”。于是他开始厌倦官场，心生去意，但去意并不很坚决：官虽不想做，但养家糊口的重担已落在肩头，岂可一推了之？促成他决然告别官场的是第二个因素。他的两位大学同班好友——宋则行和杨守敬

① 1927年蒋介石定都南京后，把黄埔军校从广州迁到南京，并改名为中央陆军军官学校，专门培养军事人才；他把培养党政干部的职能从中分离出来，另建学校承担，于是才有了“国立中央政治大学”。

先生——已经先他一年考取了西南联合大学南开经济研究所的研究生，两人向他频送“秋波”，极尽“怂恿”之能事，再度燃起了他的求学欲望。

1942年，汪祥春终于做通了母亲和兄长的工作，获得了家人的理解和支持，重新打点行囊，辗转万里，克服了抗战中难以想象的困苦和交通障碍，从浙江到达重庆，考进了西南联合大学南开经济研究所，攻读经济学硕士学位。当时的南开经济研究所名家云集，教研水平很高。货币理论大师费雪的学生何廉任所长，延揽了李卓敏[①]、陈振汉[②]、吴大业等一批一流学者承担教研任务，可谓盛极一时。老师全部用英文授课，指定了许多英文原版的经济学名著，如马歇尔的《经济学原理》，罗宾逊的《不完全竞争经济学》，张伯伦的《垄断竞争理论》，凯恩斯的《就业、利息和货币通论》、希克斯的《价值与资本》等。这对刚刚入校的汪祥春来说，难度虽大，但苦若甘饴。在南开经济研究所的几年里，凭着坚强的毅力与学劲，汪祥春不仅打下了坚实的经济学理论基础，而且大大提高了阅读和消化专业英语书刊的能力。

1944年，汪祥春以近12万字的论文《利息理论的发展》获得硕士学位。论文中的《费雪的利息理论》一章，曾发表在当时重庆出版的《金融知识》刊物上。作为经济思想史料，这篇文章即便今天展卷研读，也仍有一定的学术价值。在读研期间，汪祥春还与同学钱荣堃一起翻译了英国著名经济学者赛耶斯（R.Sayers）的名著《银行学新论》，译著在《金融知识》上连载。该书于1947年由正中书局出版后，被很多高校经济系指定为教材或参考用书，1958年和1978年正中书局在台湾又两度重版发行。

由于在读期间学业出色，硕士毕业后，汪祥春曾获得过有“两份工资”收入的

---

① 李卓敏(1912~1991年)，广东省番禺人，教育家、经济学家、工商管理学家。他是香港中文大学首任校长，并曾发明垂扇检字法，将之应用于他撰写的《李氏中文大字典》内。李卓敏1930年毕业于金陵大学（1952年合并于南京大学），后赴美留学，1936年获加利福尼亚州大学柏克利分校经济学博士学位。次年回国，先后任南开大学、西南联合大学、中央大学（1949年更名为南京大学）教授。1945年后，任中国善后救济总署副署长、中国善后物资保管委员会主任委员。1951年赴美国，任教于加州大学柏克利分校并担任国际工商系主任。1963年受聘香港筹办香港中文大学，并担任香港中文大学首任校长。现时香港中大的“李卓敏基本医学大楼”就是以他命名的。1978年离任后，返美国加州大学母校任荣誉教授，闲居以读书、著述自娱，1991年在柏克利寓所去世，时年80岁。

② 陈振汉生于1912年，1928年以文科第一名考入杭州高级中学，次年考入南开大学预科，两年后毕业，直接升入由何廉与方显廷教授组建的南开大学经济学院。四年后，陈振汉考取清华大学公费留美，入哈佛大学经济系专攻经济史，指导教师是阿希尔和熊彼特，在很短时间内取得经济学博士学位。1940年回到国内，陈振汉应恩师何廉与方显廷之邀，就职于当时在重庆的南开经济研究所，后又兼任中央大学教授。

"肥缺"。一个是任南开经济研究所助理研究员，另一个是在当时的中央设计局从事经济研究工作。后来，又应老师方显廷教授之邀，到上海中国经济研究所，参加《经济评论》的编辑工作。机缘可遇而不可求。当时"衣食无虞"，正想一试身手、大干一场时，另一个诱人的机会又悄悄地出现在他面前：国立中央政治大学有5个公费留学名额，为时3年，奖学金总额5000美元。5000美元还是比两份工资多的。"汪祥春回忆时幽默地说，"美国的经济学大师多，要学的东西更多啊！"汪祥春是个顾家的人，从奖学金中先拿出1000美元留给母兄支用，而后以中央政治大学第三名的成绩，带着"短斤缺两"的盘缠，于1947年踏上了留美求学之路。我曾和他半开玩笑说："看来，民国时期留学生奖学金的支付制度漏洞很大，跑冒滴漏很多哦?！"他先是哈哈大笑，既而喃喃地说："一走好几年，没了工资收入，家里怎么办？"

留美的第一站是威斯康星大学，由已先前在美留学的同学杨守敬帮忙申请。一学期之后，汪祥春转入"大师更多"的芝加哥大学。

在芝加哥大学，汪祥春选修了不少著名经济学家开设的课程。如奈特(F.H. Knight)的经济理论，弗里德曼(M.Freidman)的价格理论与多马(E.D.Domar)的收入与就业理论。回忆起芝加哥大学的求学经历，汪祥春幽默地评价："奈特是个坏老师，弗里德曼是个好老师。"他回忆说，奈特当时的名气很大，但讲课晦涩难懂，有时敷衍了事，还喜欢向学生"兜售"自己编印的小册子，赚点儿零花钱。弗里德曼课讲得好，考试题目也很有意思，每个都很小，但都是经济学的"命门"；给学生打分更绝——他不给学生判分数，而是像梁山泊好汉排"座次"那样给所有的学生"排名"。在弗里德曼这种特殊的考试"制度"中，汪祥春一次排第十名，一次排第四名，他不无得意地说："都是不错的名次。"

有一年我"东施效颦"，暗地里(因为这种考核方式在我国的考试制度不被认可)想学学弗里德曼的"绝活儿"，但学不来。一是工作量太大，须阅毕全部卷子才能给出相对排名；二是拢拢试卷，发现并列排名的太多。回头想想看，都是试题太大"惹的祸"。看来，这弗里德曼"同志"不仅学问做得好，教书方法科学，态度也端正。难怪汪祥春说他是好老师。至于奈特，我们现在已经知道：他思想湛深，极具启迪意义，被尊称为"芝加哥大学的先知"；经他直接指导的学生就有5个是诺贝尔经济学奖的获得者：弗里德曼、斯蒂格勒、布坎南、萨缪尔森和贝克尔，个个都是泰山北斗。也许是奈特站得太高：我们仰求于大师，无异于"问道于盲"；若大师俯就我们，又宛如"对牛弹琴"。难道大师与学生之间真的就没有沟通渠道么？这是我们每一个以传道、授业、解惑为己任的学者,都必须思量和解决的问题。

按当时芝加哥大学的学制要求,一般三年之内即可取得博士学位。但是,已经学习了两年(威斯康星的学分转入芝大),即将进入博士论文创作之际,汪祥春在遥远的异国听到了“新中国呼唤”的声音。1949 年,他从报纸上得悉全国迅速解放的消息后,再一次面临一个影响深远的抉择:继续攻读博士学位还是回国效力。他给时任哥伦比亚大学教授、原南开经济研究所所长的何廉写信征询意见,得到的答复是暂且不要回国,读完博士学位再说,并且承诺为他申请更多的奖学金。但是,汪祥春最终还是选择了回国。

多年以后,当人们问起,没拿到芝加哥大学的博士学位、提前回国效力是否“后悔”时,汪祥春只是淡然地说:“这是一个‘态度问题’,祖国已经解放,你为什么还要留在国外?”或许,这就是那一代学人特有的价值情怀吧。汪祥春和宋则行是大学同班同学,住同一个宿舍,上下铺,研究生是上下届。两人当时在学业上你追我赶,互不相让,毕业后相互砥砺,采长补短,友谊持续了近 70 年。2003 年宋则行逝世时,汪祥春亲书挽联:“年少与伴每逢抉择问君取,耄耋长别再有疑难向谁说?”闻者欷歔,无不动容。有一次,“师父”在谈及宋则行先生,早年留学剑桥,师从琼·罗宾逊夫人,携博士学位归,且多有建树、影响甚巨时,不胜感慨。他的感慨是对老友的怀念,还是触动了自己因归国心切而放弃博士学位的心弦?我们不得而知。

顺便提一句,因与“师父”之间的特殊关系,我们也有机会多次聆听宋则行老师的教诲。有一件小事令我们感铭至深。宋则行老师是英国皇家经济学会的终身会员,这可是个大荣誉!在一次来我校博士论文答辩后的小型座谈会上,我们问及这个问题。不想宋老师竟微微一笑:“没什么了不得的,那时交 5 英镑就能成为终身会员。”我慨然:大师就是大师,于嬉笑之间就这么轻易地把一款大荣誉化简为 5 英镑!我暗忖:这老头儿,忒实在!你不主动“招供”谁知道?

二 治学:叩问国计为民生

满腔热情的汪祥春回国后首先投身于东北地区的革命工作。从 1949 年到 1952 年,他先是在东北统计局主持东北统计表格的审查工作,后来主要从事贸易统计工作。由于工作需要,1952 年,汪祥春被调到东北计划统计学院任教。几经院系调整,1959 年再次转到地处大连市的辽宁财经学院。在此期间,汪祥春在比较困

难的条件下，坚持科研工作。其中在《经济研究》上发表的两篇论文引起了较大反响。一篇是《关于经济指标的权数问题》（载于该刊1956年第6期），主要内容是关于编制经济指标时，如何选择权数（或称同度量系数）的研究。这在当时统计工作中，是一个有争议的重要问题。论文发表后，引起统计学界的热烈争论，由此而在有关刊物上引发的论文有几十篇，后来由《统计工作》编辑部编成一本专集出版。另一篇是《我国农业生产的计划管理问题》（载该刊1965年第4期），主要探讨国家对集体经济的农业生产如何进行计划管理问题。该文对当时的农业生产计划工作产生了一定促进作用。1966年的“文化大革命”开始后，尽管是一名大学教师，汪祥春的教学和科研工作也只能陷入停顿、无所作为。1978年以后，汪祥春虽然已年逾花甲，但身心健康，在改革开放春风的吹拂下，精神振奋，干劲倍增，学习和工作都争分夺秒，在教学和科研上又梅开二度，收获频频。

除了在产业经济学和西方经济学领域的建树外，汪祥春科研工作的重点一直集中在谋划国计民生方面，主要有以下三部分。

1. 价格体系以及价格体制改革。在计划经济体制下，我国的价格体系极不合理。“文化大革命”十年中，价格基本冻结，更加剧了这种不合理状态。1984年，《中共中央关于经济体制改革的决定》明确指出，价格体系的改革是整个经济体制改革成败的关键。而要改革和理顺价格体系，必须正确解决决定价格的客观因素问题。1984年，汪祥春和张振斌合写的《价格既要反映价值，又要反映供求关系》一文，论证价格既要反映价值，又要反映供求关系。以今天的眼光看，该文论点有一定的不彻底性，但在当时，对突破价格决定的价值论还是起到了相当大的作用。记得该文在《价格理论与实践》1985年第2期刊出后，引起较大反响，被读者评为该刊1985年至1987年发表的全部论文中10篇优秀论文的第一名。

价格体系不合理同价格体制的不合理有密切关系。过去长期以来，我国价格管理体制的特点是权限高度集中，管得过多，统得过死，价格形式只有国家定价一种。1987年，汪祥春在《经济研究》第10期发表了《略论国家指导价格》一文，对国家指导价格的作用、基本形式、适用范围、定价原则等问题做了颇有新意的探讨，对一些同志不甚正确的看法进行了辨析，令人耳目一新。

2. 宏观经济管理。1989年，汪祥春与傅晓声共同主编的《国民经济计划管理》一书出版。当时，我国面临的一个重大新课题是如何在社会主义商品经济条件下，对国民经济运行进行计划管理。该书是一个可贵的探索。同年，汪祥春与宋则行共同主编《社会主义经济调节概论》。该书把调节活动作为系统过程，研究了调节目标、调节手段、调节依据、调节者和调节对象以及调节结果等诸要素的相互关系，从而为探索调节手段的有效运用提供了若干新思路。除此之外，汪祥春还对宏观经济问题中的经济增长、通货膨胀、宏观调控手段、计划体制改革等问题进行了深入研究，提出了许多独到的见解。

3. 住房制度改革。住房制度改革是我国国民经济中的一个重大问题。汪祥春对此进行了一番较为深入的研究，发表了多篇文章。1988 年，他在《人民日报》发表了《关于公有住房私有化的探讨》一文（载于《人民日报》1988 年 10 月 3 日，该天是世界住房日），该文是重点纪念文章，引起了房改主管部门的重视。1990 年，他又写了《合理的租价比例是住房制度改革的关键》一文（《经济研究》1990 年第 7 期），对此问题作了进一步探讨。1998 年，为确保实现当年经济增长的目标，当时经济学界一般认为应当积极推进城镇住房制度改革，促使住房建设成为新的经济增长点。然而，当时城镇居民购房需求不旺，其根源在于一是居民不愿买，二是居民买不起。之所以不愿买，是因为房租与房价的比例太低，买房不如租房。之所以买不起，是因为房价与家庭收入的比例太高。针对这种情况，汪祥春写了《理顺房改中的两大比例关系》一文（载于《财贸经济》1998 年第 10 期），指出在我国目前情况下，年房租与年房价的合理比例大体为 1:10，而公房的实际租价比例特别低，为促进居民买房，就必须提高实际的租价比例；在发展中国家，房价一般为家庭年收入的 3~4 倍，而我国目前约为 8~9 倍。为提高居民购房能力，一是要降低房价，二是要增加居民货币收入，推行住房分配货币化。

时光飞逝，白驹过隙。2008 年，汪祥春步入人生的第 90 个年头。如今的他，尽管体力、视力等身体状况大不如前，但依然坚持抽时间看看书，想想问题。综观汪祥春的学术研究成果，价格问题一直居于核心地位。即或现在年事已高，价格方面的文献仍然须臾不离他的案头。有人比喻，抓住了价格就相当于牵住了西方经济学的“牛鼻子”。看来这个“牛鼻子”他是终生牵定了。当前，环境污染严重、油价飙升，这也同样引起了他的关注。他告诉我，目前正在思考“资源与环境经济学”问题。活到老，学到老，关注国计民生，深入开展研究，是汪祥春留给后学的一个重要启示。

三 传学：“桃李”不言下自蹊

曾有人问汪祥春，从教以来最大的收获是什么？汪祥春毫不犹豫地回答：“桃

李满天下。"是的,自1979年在首批教授职称评审获评教授、1986年成为全国产业经济学首批开点博导以来,汪祥春共招收了28名学生,已经毕业并获得经济学博士学位的有24人,其中16人已成为博士生导师。这些已毕业的学生,有的已成为各自专业领域的国内一流学者,如中共中央党校校委、研究室副主任周天勇,中国人民大学财政金融学院院长郭庆旺,大连理工大学经济系主任原毅军等;有的则成为推动东北财经大学经济学、管理学、会计学等学科发展与创新的"中坚力量"。学生有"出息",老师当然会自豪。人们最感兴趣的是,汪祥春用什么"招法"培养出这么多优秀的学生?

1. 入门严。汪祥春招收的28名学生,虽然毕业后分布在教育、企业、政府等不同部门,但入学时都是清一色的青年教师,既没有高官,也没有大款。其间,多有高官和大款通过各种"门路"前来"拜师"。汪祥春通常只问一句话:"他能安下心来做学问吗?"

2. 强化基础理论训练,经年研习西方经济学。在他看来,西方经济学是经济管理类博士生的"基本功"。基本功不牢固,经济学大厦就建不稳。为此,自20世纪80年代初期,他就开始给学生开设西方经济学课程。在当时的背景下,西方经济学还是意识形态禁区,公然给学生开设这门课要承受着一定的压力。尤其是1989年,有关部门曾委婉地建议他停授这门课,但他唯学是问,我行我素。为了保证英文教材的与时俱进,汪祥春四处"淘书":使用过的原版经济学教科书不计其数,嘱咐自己的学生从北京图书馆整本复印、从美国购买或函邮,亦如同"家常便饭"。

3. 要求严。曾有一个学生上课迟到了几分钟,他只说一句:"你看现在几点了?""唬"得这学生课后连忙找师兄讨教怎么补救。有个学生忘了交作业,他电话打过去轻声地问一句:"你最近挺忙啊?"这个学生连忙晚上10点多钟把作业送过去。还有一个学生在大连市某刊物发表了一篇文章,被他看到。他把这个学生叫过去,只一句"这样不入流的刊物你也投稿?"这学生以后再也不敢"为发表而写文章"了。博士论文指导过程更严。一个同学的论文中数学公式很多,他让学生将文中所有的数学公式都推导一遍拿给他看,还从中指出若干处错误。年终岁尾的"汇报"也很让人"难受"。按要求,每个学生都要把自己一年来的研究成果列个清单交上去。如果成果少或滥竽充数,这"年关"就不好过。恩师的从严要求已经使我害上了"后遗症":每有电话来,我都会下意识地站起来,毕恭毕敬地回话,仿佛老师就在面前。一次,我家"领导"跟他不经意地提及此事,他笑得前仰后合,还连说几个

“好”字。①

4. 督验得法,激励玄巧。由于给学生指定的教材与读物都是英文原版,为促进学生学习以及检验学习效果,他起初要求学生对指定内容提交“英文摘要”。但是后来发现有学生“偷懒”——没有真正理解所学内容,只是从原文中“断章取义”地摘抄。于是,他要求学生提交“中文摘要”。这一招儿果然见效:学生再也不敢偷懒了。其实,想偷懒也偷不成。不读懂原文,怎么能写出中文摘要、提出问题?到现在,我才明白过来,这也是汪祥春多年以来坚持“游击战”、“打几枪换一个地方”、频繁更新教科书的一个原因:不如此,中文摘要就会成为相关中译本教科书的一个缩写。巧妙地激励学生更是汪祥春让学生念念难忘的为师之道。学生多,基础不一样,论文创作遇到的困难也不同。当学生论文创作中“遇阻”时,汪祥春总是喜欢跟学生说:“博士论文也是个学习过程,别灰心。‘有利的情形往往存在于再坚持一下之中’。”当学生因创作“碰壁”、信心受挫时,他也总有“妙招”让学生恢复自信。“帮我来修理一下电器吧。”一个学生回忆道,“实际上,只要简单地摆弄一下就好了。但老师一夸,我就有了成就感与自信!”

5. 围着学生转,甚至给学生“打下手”。学生的专业背景杂,“队伍”不好带。大方向是产业经济学,但论文选题各异,有的侧重产业经济理论,有的侧重企业管理,还有的侧重财务理论。汪祥春在与学生讨论论文选题时向来都是围着学生转,从不强扭瓜;不懂的就“急用现学”,边学习,边讨论,边指导。终生学习,持续更新,是汪祥春治学的一大法宝。例如,年逾80岁后,他还请人教他学电脑!有个学生拟以“经济效益”为题写博士论文。几天之后被他叫去,塞给几张便笺,说要关注“EVA”方面的研究动态。再过几天,又塞给一个小本本,这学生看了以后差点儿哭出来!老师竟帮他做了详尽的相关论文摘要!学生拿着它跑到图书馆,按图索骥,检索查看,果然应有尽有,到现在还受用不尽。

上面说的都是些平凡小事,并不是什么英雄壮举,但一滴水能够折射阳光,平凡小事往往能透出伟大的精神。我想,一名好老师,除了渊博的学识、求真务实的精神外,能够循循善诱,因材施教,再懂一点管理学生的艺术,也是非常重要的。这,也许就是汪祥春教授教书育人的秘诀吧!

① 说出来有些不雅,我师父还有个“绰号”叫“祖宗”,是我家“领导”给起的。因为“师父”的话于我就是“最高指示”,钉是钉铆是铆地执行,从不打折扣。“领导”传令时每喊“你祖宗的电话”,我于是便一溜小跑地接电。妻妹们也常以此揶揄我,问我年幼的儿子:“你爸爸的祖宗是谁?”“汪——祥——春”,儿子稚声稚气地回答。于是妻妹们大笑。这故事原本仅限于我家内部,今儿向宋则行先生学习,主动地“供”出来,由全国人民“取笑”。

高校扩招、人才结构与职业教育

陈宪*

对于中国的高等教育和人才培养来说,1999年的高校扩招,是一个有着很深中国烙印的重大事件。在我们的记忆中,中国的发展方式经常和"跨越式"联系在一起。连续数年的高校扩招使中国高等教育规模跨了一个很高的台阶。我们还记得,提出扩招的一个重要背景,就是当时的通货紧缩。其实,尽管我们现在面对通货膨胀,大有频频出招效果却不理想的痛苦,但是,事实上,应对通货紧缩的痛苦是有过之而无不及的。所以,当时以高校扩招来拉动内需,不失为一个妙招,而且,在增加内需的同时,还能提高高等教育的毛入学率,进而为社会经济发展培养更多的人才,岂不一箭双雕。然而,这个本意很好的战略措施,由于战术上的错误安排,引发了一些比较严重的问题。

我们以产品市场和要素市场的框架来分析高等教育。在产品市场上,各类高等院校是供给方,所有受高等教育的个人是需求方;在要素市场上,受了高等教育的个人是供给方,厂商和政府机构是需求方。这里的要素市场就是人们通常说的人才市场。高校扩招,就是在产品市场上增加供给,这对于长期是卖方市场的高等教育来说,是久旱逢甘霖的好事。而且,在这个市场上,中国的老百姓是最愿意投资的。长期以来,中国政府教育投入占GDP的比重,不及发达国家不说,甚至还不及一些比中国人均GDP低的发展中国家,如印度,但中国教育的增长速度不慢,这里的一个重要解释,就是老百姓对教育的投入占整个教育投入的比重较高。

经济学告诉我们,投资在当期是需求,在资本形成的下一期就是供给。老百姓在教育市场的投资,经过一定时期,就将转化为人力资本供给。也就是说,大学生毕业了要找工作,他们在要素市场形成供给。这些年来,有关大学生就业难的报道经常见诸媒体。就业难反映了总量和结构两个方面的矛盾。人们比较容易将大学生就业的总量矛盾与扩招相联系。这是不对的。道理很简单,大学扩招既不会增加就业人口,也不会减少就业人口,只是会推迟一部分就业人口的就业时间。因此,

* 作者系上海交通大学安泰经济与管理学院教授。

这里的总量矛盾只是结构矛盾的折射。

在一国工业化、现代化的过程中,产业结构和人才结构的变动方向是一致的,也就是说,在产业结构高度化的过程中,人才结构也在高度化,二者是互为因果的关系。但是,在不同的国家和地区,二者的变动速率和互动关系是不一致的。目前技术工人短缺,特别是高级技术人才和高级职业经理人严重短缺,已经成为产业升级"瓶颈"的现实说明,我国人才结构的高度化滞后于产业结构。国际经验表明,在工业化、服务业化达到一定水平以后,生产一线的工人将以技术工人为主,而且,高级技术工人在其中占很高的比例,发达国家的这一比例为30%以上,而在我国不到4%;管理一线的经理人都具备综合的职业素质,其中具有较高学历和资深职业经历的高级职业经理人占相当的比例。这就表明,中国的人才结构未能适应产业结构高度化的需要,更谈不上引领产业结构的变动。造成这一问题的原因之一,是由于长期以来要素市场发育不足,价格扭曲现象严重,技术工人的工资水平低于均衡工资,进而导致技术工人,尤其是高级技术工人供给不足。现在尽管市场已经对此作出反应,高级技工的工资水平有了较大幅度的上升,甚至已经高于一些博士毕业生的工资,但是,人才结构性短缺的硬约束不是短期可以消除的。由此引出的另一个原因,就是中国职业教育的数量和质量都无法满足需要。

另据报载,最近,南昌铁路局招聘80多名列车乘务员,要求高中学历,却涌来100多名大专以上学历应聘者;江西移动公司今年1月招聘一批营业员,要求大专以上学历,有100多名全日制大学本科生来报名。在往年,这个工种录用的基本是初高中生。这一被戏称为大学生"民工化"就业的现象,积极的一面是,随着高等教育规模的扩大,越来越多的大学生毕业后走进车间、农村,从最基层的工作做起,

和工人、农民同工同酬同吃住，就像以前我们在发达国家看到的，大学生、硕士生和博士生从事着各种平常的工作，这是高等教育大众化以后必然出现的现象，也是教育对社会"溢出"的一个表现。然而，人才所受的教育和所从事的工作，总有一个大致的匹配，否则，就会有资源浪费、人力资本投资回报低和不利于人才发展等问题。我们还曾经看到有关教育返贫的报道，尽管这是人力资本投资无法回报，或回报水平低下的极端个案，但它所反映的问题是深刻的。

从中国专业人才供给和人才职业发展的现状看，最为突出的问题之一，就是其自身结构不合理，职业教育在数量和质量两个方面，都远远不能适应社会经济发展的需要。前些年的高校扩招，大部分指标都扩在了普通高等教育上。同时，为了适应扩招的需要，我们将一批本来应当向高等职业教育转型的专科院校升格为普通高等院校。这些策略性失误，直接导致高级技工短缺，职业型中高端人才不能适应产业结构高度化；普通高等院校部分毕业生就业"民工化"，人力资本投资回报率低。当然，在这次大学扩招之前，已经存在职业教育发展不足的问题，如果扩招能够注意到这个事实，在扩招的安排中加大发展高等职业教育的比重，那么，不合理的教育结构就能够得到一些改善，至少可以开始改善的进程。遗憾的是，我们没有把握住这一调整的机会。

大约在10年前，我访问了芬兰北中部综合技术大学。在西北欧，这类综合技术大学(polytechnic)很多。在这些国家，综合技术大学与我们所说的综合性大学(university)是并列的。我在那里访问时，这所大学的女校长为了消除我们对polytechnic的"偏见"，特意给我们看了一张芬兰高等教育结构的示意图：在教育部的下面，并排着university和polytechnic，在二者的下方，分别列出了芬兰综合性大学和综合技术大学的名称。她告诉我们，这两类高校承担着培养不同类型人才的任务。以管理教育为例，polytechnic以培养工商管理职业型人才为主，即BBA(bachelor of business administration)和MBA(master of business administration)，而像管理科学、管理工程等学科，就大多设在university。在学生人数上，polytechnic也多于university。以后我在访问台湾地区的一些高校时，也发现了那里有university和polytechnic之分。显然，高等教育体系的这一区分，是充分体现了社会经济发展对高等教育的需求的。

当然，高等教育不是也不应该是一味地适应社会需求，而是要将人才培养和发展的一般规律置于首要。这里，就有一个怎么兼顾通识教育与专业教育或职业教育的问题。通识教育是高等教育的组成部分，是非专业性、非职业性的教育，目的在于培养具有健全人格的个人和自由社会中健全的公民。通识教育作为大学的理念,应该是造就具备远大眼光、通融识见、博雅精神和完整情感的人才的高层文明教育和完备人性教育,旨在给学生灌输关于好公民的态度和理解。通识教育"给20岁~25岁的青年一种关于人类兴趣的所有学科的准确的、一般性的知识","是一种使学生熟悉知识主要领域内的事实的思想的教育类型"。因此,无论普通高等教育,还是职业技术教育,都要以通识教育为基础,并贯通于大学的教育体系中。然后,再导入一定的专业教育或职业教育。根据对美国一些高校的有限了解,我们发现,在那里,大学教育基本是通识教育,到了硕士(指职业学位硕士,即master of professional degree,我们译为"专业学位硕士"是不准确的)阶段,才是比较完整的职业教育,进而培养各类职业人才。尤其在经验性的学科,如工商管理、法律、医学等学科是如此。这是高等教育比较成熟的一个表现。在我国,通识教育和职业教育都是弱项,高等教育以专业教育为主的格局依然强势。

最后顺便说一下,目前广遭诟病的本科教育评估与高校扩招有着前因后果的关系。(还有高校的债务问题也与扩招有脱不了的干系)由于高校扩招速度过快,又将扩招的规模集中于本科教育,大部分高校都没有充分的思想准备和足够的物质准备,如师资条件,因此,一时间关于大学教学质量滑坡的批评铺天盖地。在这一背景下,教育部出台本科教育评估的举措,试图以一个统一的标准体系,来检查、要求和规范各高校的本科教育。这种由政府教育主管部门推动的行政化、指标化的评估,肯定是与高校自主办学、个性化发展的方向背道而驰的。由此还引发了严重的道德危机:为了评估获得优秀,弄虚作假的现象比较普遍。目前,高校大规模扩招已经停止,本科教育评估也应当在深刻反思的基础上结束其使命。对于高等教育的发展,人们的一个共识是,高等教育部门是我国改革滞后的几个部门之一,其发展的瓶颈就是高度行政化的管理体制。因此,未来重要的改革举措就要解决"土壤"的问题,否则,不止这种本科教育评估,还会有其他什么评估,高等教育的发展总是会受到本不该有的制约。

钱为什么多了？

王永钦*

不论是在中国还是在世界范围内，流动性过剩或者通俗地说“钱多了”可以说是大家谈论得最多的话题之一，它影响到宏观经济的表现，也影响到微观经济的结构，与我们每个人的生活和福利也息息相关。从经济学的角度来看，所谓流动性过剩无非是相对于货币需求，货币供给太多了。这里的货币是广义的，即各种增加实际购买力的金融工具和机制，而未必是有形的货币。为什么流动性突然在中国和整个世界范围内增多了？为什么出现在最近这几年？

很多宏观经济学家认为，这是由于近年来很多国家的货币当局采取了宽松的货币政策而导致的。但是，为什么在上个世纪大萧条后直到70年代，西方世界的各国普遍采取宽松的凯恩斯主义货币政策的时候，没有出现这个现象？因此，单纯将流动性过剩看作是一个货币层面的问题，会有点同义反复，无助于我们理解流动性过剩的实质。我们不妨换一个视角来看这个问题。如果我们将流动性理解成实际购买力，那么短期来看，购买力的上升可能是由于货币发行过多（由于人们有货币幻觉和适应成本）造成；但长期来看，由于人们的货币幻觉会消失，购买力的上升一定是由于实际经济中的成本下降所致。

那么有哪些因素导致实际成本下降呢？其中一个重要的因素是技术进步，尤其是信息技术的进步不仅极大地降低了生产成本，还极大地降低了交易成本，使得资源可以更便利地在全球进行配置，标志性的现象是大规模外包（outsourcing）的出现，这提高了全球范围内的生产率。全球化使得发达国家和发展中国家出现了日益密切的互动，这和我国国内城乡之间的互动关系非常相似，我把它称为全球范围内的“二元经济”。这种互动有两个结果：一方面，（更好地融入全球经济中的）发展中国家可以更好地利用发达国家的资本、技术和组织形式，也可以充分地利用它们的市场，这样会使得发展中国家的总供给增加；另一方面，由于全球化，发展中国家（尤其是中国和印度）向发达国家输出了大量的廉价的商品（近期还有资本和移民等生产要素），这降低了全球范围内的生产成本和物价。作为一个总的结果，就出现了全球性的流动性过剩，全球的实际利率走低。

中国国内出现的流动性过剩既与全球出现的流动性过剩有关，又有中国自身

---

* 作者系复旦大学中国经济研究中心副教授，耶鲁大学访问学者。

的结构性原因。中国是典型的二元经济,劳动力(特别是农民工)的实际工资水平很低。但中国的二元经济还有如下两个特点:一是中国的劳动力多,特别是农村有大量的过剩劳动力;二是由于户籍制度的原因,农民工与雇主的劳动合约基本上是短期合约(农民工多为短工),而非长期合约,这样就使得农民工的谈判能力更低。这两者合起来使得农民工的实际工资偏低。而农民工的存在实际上对城市居民工人的工资也造成了向下的压力,使得他们的实际工资也不会上涨太快。工人的实际工资在很长的时间内可能会保持不变或者增幅甚小。其实,经济学家刘易斯在他 1954 年那篇获诺贝尔经济学奖的关于二元经济的文章中就观察到, 英国在工业革命时期,大约有半个世纪工人的实际工资没有发生过变化。而中国的农村剩余劳动力的规模要大得多,农民工的劳动合约又以短期为主,给定这种经济结构和生产率继续提高的事实,如果其他条件不变,国内流动性过剩将会是一个长期存在的现象。

国际和国内的流动性过剩为中国的经济发展既提供了很多机遇,也提出了很多挑战。

从企业的层面来看,流动性过剩为中国的企业提供了发展的机遇,在很大程度上可以弥补国内金融体系的内在缺陷,缓解企业的信贷约束。因为中国的非国有企业在融资方面受到了正规金融体系(银行和资本市场)的制度性歧视,而实际工资率低却给它们创造了大量的可以用于再投资的剩余和内部留利,这样就降低了它们对外部正规金融的依赖,所以,通过观察中国企业尤其是中国非国有企业的资本结构,我们能够发现一个非常有意思的现象,即很多企业内部储备了大量的流动性。另外,由于中国 1990 年代中期后中国市场化步伐大大加快,尤其是劳动力市场和住房、医疗和教育等公共服务领域的市场化改革打破了原来城市部门的"单位制",社会经济生活发生巨大的变化,居民承受的风险大大增加,增加储蓄便成了应对风险的手段。此外,在 1994 年分税制后,增值税(VAT)在中国的实施大大加强了政府的征税能力,政府的税收近年来迅速增加,也增加了公共部门的储蓄,从而也增加了公共部门的流动性。

在流动性过剩的情况下,由于实际利率比较低(甚至为负),企业会降低投资项目的标准,很多差的项目也可能上马。在经济景气的时候,好的项目和差的项目都可以生存,但在经济衰退的时候,一切会"水落石出",差项目将变得难以为继,这样就会对经济造成一定的冲击和波动,甚至会出现经济和金融危机。所以,我们一方面要理解流动性过剩的微观基础,另一方面我们也要理解企业微观行为的宏观基础,即企业的行为是如何内生于企业所处的宏观经济环境的。

全球流动性过剩给宏观调控政策尤其是货币政策的实施带来了新的挑战。自1990年代以来,由于流动性过剩,全球性的通货膨胀现象基本消失了(只是直到最近两年由于食品价格和能源价格上涨才引起了一定的通货膨胀);但另一方面流动性过剩却又导致了全球范围内的资产价格上升,正所谓“按住葫芦起了瓢”,这是因为由于购买力过剩以及资本可以更容易地在世界范围内流动,大量资金流向了资产市场(如房地产市场)。这不由让我们想起上个世纪80年代的资产价格泡沫。美国哥伦比亚大学教授、老布什总统经济顾问委员会主席格兰·哈伯德在其《宏观经济学》一书中说,资产价格泡沫的调整方式有两种:一是中央银行主动去戳破,二是等待其自行破灭。日本1980年代的做法可以算作前者,对经济的破坏较大;美国1990年代的高科技泡沫算是后者,当时格林斯潘采取的措施就是“无为而治”——等着纳斯达克泡沫自然破灭,对经济的破坏较小。这些历史经验和教训告诉我们,政府不要轻易干预总量性价格变量,因为它们带来的效应比较大,而且是全局性的,不适合用来解决结构性问题,结构性问题必须通过结构性政策来解决。

在经济全球化的情况下,各国之间的经济联系日益密切和耦合。在全球经济体系运行畅通、生产率持续提高这样基本面情况好的时候,流动性过剩会将过剩的购买力导入到资产市场,对实体经济的冲击较小。但是,由于各国经济联系的日益密切和耦合,如果生产率下降或者国际产业链的某个环节出现问题,则很有可能会出现“牵一发而动全身”的风险。例如,近两年,由于中国和印度等新兴经济体的持续增长,这些经济体人们和厂商对肉类、粮食与能源的需求,引发了这类商品价格的上升,这样过剩的流动性会使全球经济从通货紧缩状态进入通货膨胀。因此,在全球化时代,国际之间的政策协调也是非常重要的。

在流动性过剩的情况下,中国应该如何应对?由于中国目前的经济增长和通货膨胀问题既有结构性的成因,也有总量性的成因,所以政策制定者首先是要分清宏观经济问题中哪些是结构性的问题,哪些是总量性的问题。但正如前文所析,这两者之间由于相互影响,往往是难以区分的,宏观调控的难度和艺术也正在于此。

对于总量性问题,紧缩性的货币政策会起到一定的作用。但由于中国是一个正处在转型中的发展中国家,经济结构正发生迅速和深刻的变化,相对价格也在发生改变,所以要允许一定范围内的通货膨胀来为这种相对价格的变化提供调整的空间。其他的结构性问题则必须通过结构性政策来解决。特别是,放松政府垄断产业[尤其是那些上游(要素)市场的]进入管制,让更多的民营企业进入是一举两得之策:既促进了就业(经济增长),又通过降低要素的价格降低了通货膨胀的压力。

为什么政策可能事与愿违？

陈钊 *

最近一段时间的宏观调控政策是一个非常好的例子，可以让我们去看政策为什么可能事与愿违。事与愿违的经济政策通常都是因为博弈论里讲的“上有政策、下有对策”，但今天我要讲的还不是这种情况，否则就不新鲜了。

让我们从通货膨胀说起。当前中国宏观经济的外来冲击，特别是全球性的通胀压力，其中有中国的因素。目前大家认识比较清楚的是其中有中国经济增长带来的需求拉动因素，而我这里要说的，却是中国政府的政策因素。与需求因素相比，显然，政策上我们更有调整的余地。这个局部性的问题事实上反映出中国政府在迅速融入全球化后，对政策评估缺乏研究，政策的出台还局限在封闭经济的思维习惯中。对这一问题需要引起足够的重视与警惕。2007 年下半年以来，通胀成为政府与公众关注的一个焦点问题。就通胀本身而言，引起重视是对的，但过于关注年初的反通胀目标，也许是个错误，接下来读者也将会发现，用计划经济的手段来控制通胀，那更是个错误。因为这样的政策可能恰恰事与愿违。

今天的中国，早已经融入了全球化的浪潮。在全球化的背景下，政策的效果的不确定性在增强。这其中，我们最为熟悉的就是国际投机资金的跨国流动对一国经济波动的放大。此外，全球化还使得产业资本的跨国转移更为便利，与中国一样具备廉价劳动力优势的发展中国家还有不少，如果政策制定不当，产业资本很可能快速撤离中国。最后，更为一般来讲，那就是中国在制订自己的政策时越来越多地受到国际宏观形势、他国特别是美国的宏观政策的牵制，因此我们自己的宏观政策的有效性也将大打折扣。所有这些，都需要我们在政策出台前将其放到全球经济一体化的大背景下加以充分考虑，用经济学的术语来说，那就是，对于政策的事前评估要有“一般均衡”的思维。

回到通胀问题上来，这里就谈一下价格控制，特别是粮价控制的问题。对粮食问题我们都很关注，看上去中国政府对粮食价格的控制是相当有效的，国内的粮

---

* 作者系复旦大学中国经济研究中心教授。

价已经远远低于全球价格。对于这种状况,我们必须意识到其中潜在的危机。为什么这么讲?首先,看上去我们控制住了粮食的价格,但是这种控制的成本相当之高。比如,粮食的越境走私开始出现。注意,这使原本价格放开后可以让种粮农民得到的实惠变成了铤而走险的商人、寻租者的收益。这就进一步加剧了通胀的恶果,扩大了贫富差距。

其次,就是由中国粮食价格控制而引发的市场投机行为。国内过低的粮食收购价格影响了农民的种粮积极性,这就为短期内国内粮食供应的下滑埋下了隐患。再加上步入 2008 年以来中国经历的各种自然灾害,国际期货市场上进一步加强了对粮食价格走高的预期,这成为国际粮价上涨的原因之一。而国际的粮价上涨又会间接影响到其他商品价格的上涨。最终,这些影响又会传入中国国内。因此,我们现在所谓的输入型通胀,并非完全与中国无关。油价问题亦是如此。例如,对成品油的价格控制显然无法抑制国内的需求,这便助长了国际石油炒家对未来价格上涨的预期,进一步推高油价。近期的故事就是一个很好的例子。当 2008 年 6 月 19 日中国政府宣布上高成品油价格后,国际油价迅速从 138 美元回落到 131 美元附近,并于当天收于 134 美元。这意味着什么?在全球化的背景下,看似成功的国内价格控制政策,反而推动了国际价格的上涨,并且又不可避免地形成输入型通胀。也就是说,即使通胀压力直接来自于国外,但其部分根源也很可能在不当的国内政策上。

接下来我们要讲对策。以粮食为例,就应该逐步放开价格,就算最终价格不放开,粮食收购价格也要放开,这样才能提高种粮积极性。更为一般来说,我想从两方面谈对策。一方面是从政府的角度。我们现在很多政策的出台,并没有充分地将政策涉及的所有人群将承担的各种成本考虑在内,甚至是,越是弱势群体,越没有利益代言人,越难以通过常规的渠道影响政策。这个问题如何解决?从根本上而言,这需要决策者充分考虑公众的利益,在现有的体制下,一个或许可以尝试的做法是,将某些政策的制定权力向更基层的政府下放。中国 30 年的成功改革中很重要的一条经验是让地方政府"为增长而竞争",接下来,中国的可持续发展需要地方政府"为和谐而竞争"。也就是说,让地方政府比谁的政策更好,比谁负责的地区更和谐。

当然,我想谁都不会反对民主决策是一个在政府政策之下实现利益均衡的有效办法。我这里所说的让地方政府"为和谐而竞争",是在现阶段改进决策效率的对策。事实上,让公众用脚投票的"提布选择机制"就可供借鉴。只要要素能够充分流动、只要地方政府的经济利益与当地民众的财富挂钩,那么即使地方政府本身是垄断的,当地居民仍可以用脚投票。通俗地说,你这个地方政策不好,我就搬到别的地方去,这样你的税收就会流失。因此,地方政府为了提高自己的财力,就必需顾及本地居民的偏好,替他们考虑。这个机制与"为增长而竞争"的最大不同在于,它是自下而上的由公众来激励地方政府,而不是自上而下地由中央政府来激励地方政府。

对于那些需要中央政府出面协调的经济政策,需要更加注重实证研究。充分地考虑各种信息本身就是科学决策和民主决策的基本条件,而当前的宏观调控有点事与愿违,可能就与政策研究(特别是实证研究)做得不充分,政府决策没有充分听取不同意见,更没有考虑国内政策的国际影响有关。有时我们比较容易对一个政策的各种影响进行定性的判断,但具体到涉及各种影响的定量测算时,就要难得多,而后者才是政府决策最为需要的信息。任何一个政策到最终结果都可能有很多中间机制,而这些机制的不同可能产生方向相反的结果,最终的政策效果就可能与各种机制的强弱有关。如果不了解这些机制的相关参数,政策结果当然可能南辕北辙。随着经济的发展,中国政府决策咨询的模式一定会发生变化,这就需要我们加强诸如政策评估这样的实证导向的研究。总有一天,实证研究将成为中国经济政策制定时的"呈堂证供"。

农民工需要什么样的社会保障？

封进*

社会保障通常被理解为一种权益，如果农民工没有社会保障，人们会认为他们的社会保障权益没有得到保护，这时需要政府维护他们的利益，为其建立社会保障制度。但这只是问题的一面。问题的另一面是社会保障中还需要履行缴费的义务，这个义务由谁来承担，是政府承担，还是企业承担，还是农民工自己承担？如果缴费实际上是农民工承担，那么现行给农民工的社会保障究竟是一种权益还是一种税负？怎样的制度才能真正提高他们的福利？

当前处理农民工社会保障问题的思路基本上是政府负责制定农民工社会保障政策，企业和农民工个人履行缴费义务。社会保障中的养老保险是规模最大的项目，目前江苏、上海、广东、浙江等省市都对企业为农民工购买养老保险提出了要求，各地情况有所不同。上海为农民工提供的综合保险由企业缴费，缴费基数为上年职工月平均工资的60%，缴费费率为12.5%，其中养老保险为7%，目前的综合保险费约为170元/月。规定男性年满60周岁、女年满50周岁后，按照“每12个月大约1万元”的水平领取养老金，也允许根据实际缴纳保险费的月数一次性领取。而深圳采用的是和城镇职工相同的制度，由企业和个人共同缴费，企业缴费为职工平均工资的20%，进入统筹账户，个人缴费为个人缴费工资的8%，进入个人账户，如果月工资为1000元，则每月有80元进入个人账户，大约有200元进入统筹账户。缴费满15年的，在退休后可以享受从统筹账户支付的基础养老金，再加个人账户养老金。缴费不满15年的，一次性领取个人账户余额。

比较上海模式和深圳模式，上海给农民工的社会保障规模较本地职工小，而深圳直接将农民工纳入了城镇职工基本养老保险制度。不明就里的人会认为上海对农民工存在歧视，而深圳的制度一视同仁。2006年3月《国务院关于解决农民工问题的若干意见》也指出，“有条件的地方，可直接将稳定就业的农民工纳入城镇职工基本养老保险”，似乎和城镇职工有同样的养老保险是给农民工的一种公平的待遇，或者以为养老保险规模越大农民工的福利越好。但是深圳的农民工却不领情，到了年终就开始退保，退保只能退回个人账户的保费，当然有很大损失，但不退保损失更大，连个人账户里的钱可能都会落空。总之，退与不退都是损失，在

*作者系复旦大学经济学院副教授。

这种情况下,给农民工的养老保险实在是一种税赋而不是保障。

实际上农民工社会保障制度却并没有得到广大农民工的认同。四川的一位私营企业家组织了一项关于农民工社会保障的调查,涉及8省市、20多个区市县、14731人。调查结果显示,这个政策的推行不仅没有得到企业主的拥护,也没有得到农民工的支持:80%的企业主不赞成为农民工购买养老保险;接受调查的农民工有83.2%的人不愿意买养老保险。这个结果说明,社会保障并不简单的是一项权益,笼统地呼吁为农民工建立社会保障,即使是出于良好的意愿,但某种程度上是一厢情愿的,甚至可能损害了农民工的福利。

养老保险具有给付的必然性,主要是收入在时间上的重新配置。政府主办养老保险有独特的优势,通常的现收现付制采用当期工作人口赡养当期退休人口的方式,必须有政府的担保才能一代一代地持续下去,现收现付制的好处是可以让退休的人直接分享经济增长的成果;如果是个人账户制,政府参与可以降低运营成本,实现规模经济。但保险费还是要靠企业或个人缴纳,政府一般只设立保障基金以应对危机情况。就承担缴费义务的主体而言,即使规定由企业缴费,实际上企业也会把一部分缴费负担转嫁给农民工,也就是说,不管是企业缴费还是个人缴费,如果不参加养老保险,农民工的工资会高一些。因此很大程度上养老保险是一种强制性储蓄,其目的主要是平滑不同时期的消费,并可能享有社会保险带来的较高收益。但这种收益的实现还依赖于一些基本条件:其一要能保证资金的安全性,缴费和待遇领取之间可能跨越了几十年,资金的所有者和资金长期游离,那么政府是否有能力让农民工放心地把自己辛苦挣来的钱放在社保机构那里?其二要能保证资金可以顺利转移,农民工有很强的流动性,在一个城市参加了社会保障,如果到另一个城市若不能续缴,那么必然就要中途退保,养老保险就退化为定期储蓄,而且如果退保只能退出一部分保费,养老保险则变成一种税负。

在上述两个基本条件还不具备时,仓促给农民工建立养老保险是不符合农民工利益的,更好的做法是增加农民工的工资。养老保险的主要目的是养老,如果没有社会保障,个人通常也会为养老进行储蓄。政府举办养老保险的一个重要理由是个人有可能是短视的,而且这种短视会对社会中的其他人造成负担。但现有的关于农民消费储蓄行为的研究大多表明,农民有着预防储蓄和养老储蓄的动机,当收入增加时,他们的养老储蓄也会增加。因此在当前养老保险运行环境还未建设好,农民在工资待遇方面的权益还没有得到很好维护的情况下,最低工资制度是更有利于农民工养老的政策。

长远看,农民工的养老保险制度又该如何设计?有观点认为,农民工的平均年龄较轻,将农民工纳入城镇养老可以改善养老保险体系的年龄结构,有助于改善基金的收支平衡状况。更有甚者建议对农民工纳入城镇养老体系设置门槛,只有那些比较年轻的才能进入。采用移民政策缓解人口老龄化给养老体系带来的压力是国际上常见的思路,加拿大、美国等国家对这个问题研究得比较多。一个隐含的假设是很多国际移民年轻的时候在这些国家工作并缴纳社会保障税,但年老退休会离开这些国家,他们可以享受的养老福利远远小于本国居民。这里面政府的目标函数显然主要关注的是本国居民而非移民。中国的情况不能照搬国际移民的思路,如果我们真的关心农民工的利益,可以预计在人口老龄化趋势难以逆转的情况下,将年轻的农民工纳入城镇体系,即使上述两个条件都满足,这些农民工实际上也很难从养老保险中获益,因为他们要分担城镇人口老龄化的负担。也就是说他们一生所缴的钱在养老体系里获得的收益率可能小于银行利率。这一做法对农民工是否有失公平存在争议,有一些观点认为从宏观的角度看,养老基金资金平衡的改善有利于养老金体系的健康运行,可以促进投资和消费,宏观的经济增长会惠及到每一个人。

因此某种程度上,即使具备了为农民工提供养老保险的制度环境,农民工养老问题还是饶不开“农民工该不该为城镇养老保险做贡献”这个基本的价值判断。养老保险是一个很棘手的问题,由于现收现付的养老保险制度在建立初期有一些人没有缴过保费或者只缴了很少的保费就开始享受养老待遇,相当于是享受了免费午餐,所以这个制度从一开始就积累了一笔隐性债务。在制度建立后,早期加入的人,其收益率很高,随着人口的老龄化,越到后面,新加入的人在这个制度中的获益就越少。减少隐性债务的做法一是降低养老保险待遇,二是提高缴费率,三是扩大覆盖面,四是延长退休年龄,而降低待遇和延长退休年龄是大势所趋。

鉴于这种情况,单一的养老保险制度不可能满足所有的目标,设计可供选择的养老体系是可以考虑的方案。一种选择就是加入城镇养老体系,一种选择是加入另一个区别于城镇的体系。城镇制度的特点是保障程度高,但缴费也高;后一种制度和城镇养老分开独立运行,相当于在一张白纸上重新做起。这个制度的特征是不累积隐性债务,采用个人账户或名义个人账户,而且缴费率低于城镇养老体系,主要满足那些流动性强的劳动力的意愿。上海当前的制度设计和这个思路有点接近,但参加者仍然是不能选择的,而且占主导的意见是要把不同的制度逐步合并。我个人认为形成两个或几个养老保险体系是否可行,对经济增长和福利的影响是未来需要认真研究的问题。

一座城市的千年沉落

徐康宁*

一个学术会议通知的邮件引起了我的注意。这是一个关于产业集群方面的国际学术会议,主办方是河南大学的一个经济地理研究机构。前几年我写过几篇关于产业集群方面的文章,近些年已不很关注了,而是关注经济聚集这一更加符合经济学语境的话题,但还是立刻产生了参加会议的冲动。一来是想从经济地理学的专家那里学一学经济学者应该学的东西,二来是因为会议的举办地是在河南的开封,一个我很想前往看一看的城市。我曾在《文明与繁荣》一书中用多达近10页的篇幅以开封为例,论述中国古代城市文明与欧洲城市文明的差异,写书时查阅了不少开封的资料,但并未去过开封。去开封开会正好弥补了当时的遗憾。

一、逝去的繁华

临出发时才知道开封没有机场,坐飞机并不方便,于是改乘火车。我的学生刘军买好了车票,在车站前等我。我们刚上车坐下,火车便启动了。刘军也是第一次去开封,有出远门的准备,包里带了水果、饮料等,不禁让我想起20多年乘北上火车读书的情景。

普通卧铺还是那样简陋，几十个人睡在一个车厢里，个人私密无从谈起,鼾声、梦话此起彼伏,熄灯后倒头就睡。奇怪的是,很快就睡着了。一夜无话。

早晨5点钟到达开封。出得车站,很快就见人向我们招手,那是主办单位派来接我们的司机。也许司机是有经验之人,一眼就能认出我们,不用持着上面写有名字的接站牌。也许开封这地方特别,来两个外地人,谁都能看得出来?我没有多想。

来开封之前,已经做好了充分的思想准备。虽然这里是一千年前世界上最繁华的城市,但时过境迁,发展水准已大不如沿海城市。所以,当我们从简陋狭小的车站里走出时,我并未感到意外,尽管这里是中国最早有火车站的城市之一。但

* 作者系东南大学经济管理学院教授。

是，当我们的车开上紧邻车站的大街时，透过车窗的玻璃，还是被眼前的景象疑惑了，甚至有些震惊了。

街道很宽，却不干净，很容易看到垃圾。道路两边挤满了商店，很小很旧，许多可称得上是破旧。一般城市连接车站、机场的大街都修整得很好，因为这关系到城市的"第一印象"。是开封不讲究形式，还是另有苦衷？由于是清晨，各店家都没开门营业，但好几家寿衣店的幌子在风中飘荡，十分扎眼。

司机很热情友善，说现在时间尚早，便绕了一些路让我们看看包公祠、开封府。这两座衙门式的建筑十分雄伟，门前广场很大，看到的是广场上晨练的市民。司机很喜欢自己的城市，说起开封的名胜有几分自豪，但对开封人的收入却不满意。

熟悉那一段历史的都知道，一千年前，准确地讲是公元960年，北宋建国，把国都建在开封，从而开启了一座城市的盛衰史。其变迁之大，浮沉之极，堪称世界罕见。北宋时期的东京（开封）是当时世界上最繁华的城市。据董鉴泓主编的《中国城市建设史》讲，11世纪中叶，东京的市民人口在110万到130万之间，加上常驻军队，总人口在170万左右。中国古代的统计数据不可全信，因为许多史书难免夸大其词，也受当时统计技术粗糙的限制。凭借逻辑推论，我并不相信北宋的开封真有那么多人口。但是，作为一千年前世界上最大的城市，开封的这个头衔应该不会假的。

北宋开封之繁盛，《东京梦华录》有很多记载。……下面其中摘一段："坊巷御街，自宣德门一直南去，约阔二百余步，两边乃御廊，旧许市人买卖于其间，自政和间官司禁止，各安立黑漆杈子，路心又安朱漆杈子两行，中心御道，不得人马行往，……宣和间尽植莲荷，两岸植桃李梨杏，杂花其间，春夏之间，望之如绣。"御道宽达200余步，恐怕超过今天的长安街，虽不可全信，但1000年前的城市已有专门的人行道、下水道和绿化带，确实发达先进。

最值得一提的还是北宋开封的商业，其发达程度为中国古代城市之顶峰。宋代的商业承唐代之势，又甚于唐代。唐代的城市商业，严格遵循"市"、"坊"分治的传统，白天在"市"中交易，晚间回"坊"就息，"坊"中决不能有"市"，这种市场格局限制了城市商业的进一步发展。宋代打破了这种传统，"市"、"坊"连为一体。正是在开封，出现了无数的"市"，实际上已经不是画地为牢的"市"，市场分布于全城，"坊"到夜间也不再关闭，满足城内外士人夜晚的消费需要。于是，有了著名的《清明上河图》，有了汴河两岸的酒香、器美和胭脂红。

宋代的词人若能看到今天的开封,诧异是免不了的:当年的繁盛景象哪里去了?何处去寻“望之如绣”?今天的历史学家走进开封,首先感受的是意外:这是一座具有千年繁盛的历史之都,怎么除了几座复建的名胜,还有一些宣传标语在提示古都的历史,其他都不像应有的印记?大相国寺门前的繁华,似乎比不过苏南的一个县级市。问与我同行的学生感受如何,他的回答是:“很像我的家乡,一座淮北的县城。”

一次在会议的饭桌上向河南的学者谈起开封,了解到即使在河南,开封也是相当落后的城市。回来以后查了一下资料(几次在网上寻找开封市统计信息网上的资料,均不可得,只有去找专业的数据库),有了一个更整体但也更令人吃惊的印象。河南是全国省辖市最多的省份,共有 18 个,发展水平最高的是郑州,2006 年的地区生产总值为 2013 亿元,开封为 475 亿元,排在全省第 13 位。开始我以为开封的人口较少,导致经济发展指标靠后,又查了一下人均生产总值,结果是排第 14 位,反而掉了一位,而且不及郑州的三分之一。要知道在 50 多年前,开封一直是中原地区第一城市,是河南的省城,而郑州以前是归开封府的。历史给开封开了一个大大的玩笑。

2005 年 5 月,美国《纽约时报》以“从开封到纽约——辉煌如过眼烟云”为标题,警示眼下繁华的纽约和傲慢的纽约人。当时读到这一报道时只是心中一惊,看了开封和对比了数据后,脑海中浮现的是社会学家们常用的四个字——历史悲情。

二、开封是怎样衰落的

开封的衰落始于金兵入侵,宋都南迁。如史书上所述,公元 1127 年,东京为金人所破,毁于战火。但是,如果这是开封由盛而衰的唯一解释,那也太简单了,也就没有必要写此小文了。事实上,金兵攻占开封后,并未完全毁掉开封,先后扶持了张邦昌、刘豫两个傀儡政权,但都不长寿,后金人将开封降为汴京路。尽管如此,开封也不是在一天内衰落的。金朝还一度把开封立为都城(南京),又有过短暂的繁荣。

开封由盛而衰,除了金兵入侵外,还有其他的原因,其中历史地理的因素是一重要原因。

水患是影响开封后来历史轨迹的一大因素。开封附近的黄河是一段“悬河”,

即河床高出地面,城市相安完全靠河的堤坝。一旦堤坝决口,城市便成水下景观。历史上黄河无数次改道,冲垮堤坝,淹没开封,黄河的泥沙最后竟把古城完全掩埋。会后,主办方组织参会者到嵩山少林寺游览,我并无此意,用了一天的时间在开封城内城外转悠,试图想访古寻迹,找回那一点点"东京梦华"的印记,结果非常失望。除了铁塔巍峨外,其他的北宋遗迹几乎全是后人所为。今天的开封实际上是一个"摞"起来的城市,宋代的东京早已沉睡于地下。我们看到的开封城为清代所建,下面还有明代建的和金代建的开封城。唯一的铁塔之所以存留至今,是因为所居地势较高,没有被水全部淹掉。我在感叹大自然的威力和残酷时,突然一个念头浮现:今天的开封人应该不是北宋东京人的后裔,当初东京的士人百姓,或被金人掠去北上,或因避战火迁至他乡,有可能一部分去了临安(今杭州),陪伴偏安的南宋皇帝;或因避水患流离四处,异乡为家。如果今天的杭州人真的是东京人的后代,如果让今天的杭州人生活在开封,或者如果当初创造繁盛的东京人还在开封代代相传,这座城市的历史会不会重写?假设太残酷,我没有继续想下去。

古代的战火和水患让开封的辉煌成了过眼烟云,一个繁盛的国都不在了。近代的地理环境变迁则使开封一步一步走向落后,这种变迁始于一个新的事物——铁路。

开封是中国最早有铁路的城市之一,现在的陇海线最早就是从开封建到洛阳的。但是,相比之下这并不是一段很重要的铁路,几乎是同时,在它旁边又修了一条重要得多的铁路——京汉线(京广线的前身)。据考证,原先建京汉线的方案是从开封走的,因为从北京经开封到武汉的线路更为垂直就近。大臣张之洞却把方案改了,放弃了开封,以郑州为替代,理由是开封附近的黄河水急江宽,不易架桥。京汉铁路的修建改变了两个城市的命运,开封被南北向的大铁路边缘化了,郑州却因地处京汉线和后来建成的陇海线的交汇点,一举成为交通运输枢纽,城市蒸蒸日上。近现代的经济史,铁路代替了河流,成为经济发展的主要命脉。历史再次对开封开了一个沉重的玩笑。1954 年,河南的省会由开封迁往郑州,开封再也无法和郑州相提并论了。

三、地理环境对经济的作用

经济学家研究一个国家的兴衰或一个城市的荣枯,常常会从技术、产业、制度乃至文化因素角度分析,洋洋洒洒,列举出十条或八条的原因,常常能看到"某某现状的十大成因”之类的文章。有的文章几乎“放之四海而皆准”,不管研究哪一个具体的对象,总是观念落后、体制僵化、内生增长动力不足之类的分析结果,缺乏一些具体的有助于解剖特定对象的个性分析。其实,每一个经济事物都是在特定的环境中生成的,事物的变化总是和环境有直接和间接的联系,如果离开了对特定的环境的认识,就无法准确理解具体的事物是怎样变化的。这个环境,既包括文化、宗教、习俗等人文化的环境,也包括自然、地理的环境,而且后者的环境对前者环境还有相当大的影响作用。

研究经济学,应该向人类学家和生物学家学习,除了善于从具体现象当中抽象一般的本质,还应对客观现象作细致入微的深刻了解,研究环境是如何改变了人的行为,属于意识的制度是怎样在物质的环境下形成发展的。实际上,和技术因素相比,气候、区位、交通、版图、自然禀赋这些地理性的因素,对经济社会的长期发展起的作用并不小。甚至可以说,特定的地理环境,在一定的条件下,尤其是当具备了突变的条件后,很有可能使几百年后的历史差异在今天就决定了。

西欧为什么首先成为工业国家?这是一个常说常新的话题。有人从技术变革的角度去分析（主流学派），认为西欧在工业革命之前已经孕育了先进技术的基础,各种发明层出不穷;有人从制度角度去分析(如诺斯),认为荷兰、英国的制度变革已经为工业革命做好了准备。还有没有其他原因呢?在西欧崛起之前,世界经济的中心在地中海地区,意大利的经济是当时最活跃的。当大西洋贸易的重要性超过地中海贸易的时候,意大利就失去了往日的优势,尽管第一个越过大西洋的哥伦布实际上是意大利人。大西洋贸易兴起时,在地中海贸易时代并不占先的荷兰、英国等,其优势立刻显现。不妨假设,如果英国不处于最有利于大西洋贸易的地方(其跨洲贸易的收益大于在欧洲内部贸易的收益),如果没有一个后来发现的美洲,如果没有当时的东方国家拥有大量英国需要的可贸易品,可能即便有了蒸汽机和交易所,也未必会把英国送入世界第一的工业国家。美洲早就有了,只是后来才发现;东方国家的香料、丝绸、瓷器等,西欧人早就知道,只是无法大批量贸易。历史只是到特定的阶段才创造突变的条件,这就是航海技术的大发展和商业制度的逐渐成熟。还有一点值得进一步思考。为什么到了近代,世界上率先发达起来的都是版图很小的国家,如意大利(当时的威尼斯等城邦国家比今天的意大利小得多)、荷兰、英国等,而版图很大的国家,如中国、印度、俄罗斯等均无上乘的表现?这是一种偶然,还是一种必然?有兴趣的读者可以给出自己的答案。

回到开封再谈开封的衰落。

金兵入侵、黄河水患这些都已很久远，只要我们不要忘记就可以了。近代和现代开封落后的最大原因，莫过于铁路的兴起及其引起地缘经济关系的彻底改变。京汉线没有建成之前，开封之地水运发达（这也是汴京1000年前繁荣的重要原因），道路通畅。京汉线以及后来的京广线的建成，立刻将中原的经济中心彻底由开封转向郑州。由于中国自古以来南北方向的通商运输远远重要于东西方向的通商运输，大批的货物改道郑州，由北方运至南方，由南方通往北方。货栈、贸易公司以及大量的商人逐渐聚集于郑州，这个曾经隶属于开封的、也曾沉落过的小城，渐渐演变为一个重要商城、河南第一大城市。

同样是铁路，由于地理位置或运输方式的改变，也会对一个地方的长期经济发展产生巨大影响。我所在的城市南京，一个叫下关的地方（著名的《中英南京条约》就是在其附近江面上签订的）曾经在上个世纪的上半叶繁华过，那是因为它是连接津浦铁路和沪宁铁路的交点，从北京到上海的旅客和货物过长江必须经下关过摆渡。1968年改变了这一切，因为这一年南京长江大桥建成，京沪铁路连成一体，从上海到北京的旅客和货物不再下车过江了，津浦线没有了，下关失去了往日的喧哗和热闹。我曾经审过一篇投给《经济研究》的稿件，作者在文章中以中国地级市为样本，分析经济聚集对长期增长的影响，把城市在1937年是否有铁路经过作为一个重要变量。对于这种分析视角，我十分欣赏。

我们似乎无法责怪开封人，让一座一千年前繁华无比的都城沉落为今天这般境地。如果当初张之洞不改变京汉线的方案，如果没有1954年的省会迁移，也许我们今天是在为另一座历史古城——郑州而感伤。历史是不能假设的，历史也是无情的。应该记住的是，人的力量可以改变历史，地理的力量也能改变历史。

写到这里，突然想到汶川大地震的重建。当初人们聚集生活在属于多发地震带的山区，也许是一种无意识的自然选择。这种选择是客观的，但事后证明是不当的，最起码不是“优择”的。就像今天世界上的人类基本上是从非洲走出来的，绝大部分事后证明是去了更有利于经济发展的地方，而原先没有走出或没有走得更远的一支，在赤道附近住了下来，这也是自然而无意识的选择。但历史证明，这种选择不是“优择”。国外已有许多研究文献表明，根据大样本分析，各地的经济发展水平与和赤道的距离成反比，离赤道越近，经济发展水平越低。虽然这是多原因的结果，但地理气候是一重要原因。先民选择居住繁衍之地，对环境与经济发展的关系了解不多，只能靠山吃山、靠水吃水。今天的人们积累了很多的经验，掌握了多门学科的知识，是不是也可以从更广阔的背景去考虑，对于确属不适于人们居住和经济作业的多灾之地,在有条件选择的情况下,是原地重建好呢,还是彻底移民更为科学?现代的人们常常看重象征的意义,用历史观去看,取象征之义,未必是最正确的。

当然,重视地理环境的作用也不是否定人性积极的一面。走进开封,处处能看到以大宋为概念的旅游经济,“包公”、“杨家将”、“宋都”的名目四处可见,但开封的工业化程度之低让人感到费解。郑州、开封、洛阳三个城市,工业增加值占地区生产总值的比重,洛阳最高,为53%,郑州居中,47%,开封最低,只有38%。开封不是特大城市,第三产业的市场受限;也不是小城市,光靠一个旅游业就能再造辉煌。错过了中国正处工业化这一大的发展阶段,落后是不可避免的了。自然,还有很多地方可以改进,而有些改进是很容易的,例如把统计局的信息网建好,就像国内先进城市那样,因为信息公开化是政府的应尽职能。

会议结束当晚,主办方招待大家欣赏大型歌舞“清明上河园之东京梦华”。舞景壮阔,音乐清丽。歌舞启幕,便是一曲辛弃疾的《青玉案·元夕》:

“东风夜放花千树,更吹落、星如雨。宝马雕车香满路。凤箫声动,玉壶光转,一夜鱼龙舞。蛾儿雪柳黄金缕,笑语盈盈暗香去。众里寻他千百度;蓦然回首,那人却在,灯火阑珊处。”

辛弃疾的词用在这里,有点不伦不类,词作者算是南宋人,此词也非写东京,但意境倒是相通的。一千年的繁盛,何处去寻?是否就在灯火阑珊处?

中国银行业的兴起

梁捷 *

中国近代银行史是一门很复杂的学问。中国成立现代意义上的银行,迄今不过百余年。但恰逢两千年未有之变局,制度创新与金融投机并存,管理失当与政治危机同在,使得银行史呈现出令人目眩的景象。1948 年 12 月 1 日,中国人民银行正式成立,又花了不少时间才统一和理顺了中国的金融秩序。但是我们应该注意到,今天的金融秩序不可能和鼎革之前几十年的金融秩序截然斩断,很多遗留问题也尚未完全解决。

清朝末年,时局纷乱,金融业的发展表现出一种无政府状态。利润当然会自发地引导金融创新,很多金融组织就在这种无政府环境下长了出来。中国并没有真正的银行,但起到融资功能的钱庄票号早已存在,而且实力雄厚、经验丰富。据统计,1873 年上海的钱庄数量达到顶峰,多至 123 家。有学者认为,“其与新式银行最大之差异,仅在其不为有限股份公司而已。”

1897 年,洋务派官僚盛宣怀创办中国通商银行,这是中国人自办的第一家商办银行。不久,清政府的国有银行——户部银行也宣告成立。后来邮传部又奏请设立交通银行,把户部银行改组为大清银行,共同起到中央银行的作用。北洋政府时期沿袭旧制,把大清银行改为中国银行,继续和交通银行共同作为中央银行。后来国民政府的中央银行则是中央银行、中国银行、交通银行和中国农民银行。

外国资本很早就已进入中国。早期外国资本在中国运营多以洋行模式进行,培养出一批中国“买办”。到了 19 世纪末 20 年代初,西方现代银行大举进入中国。根据张公权的回忆,民国初年上海等地租界内活跃的外资银行就有:英国的汇丰、麦加利、有利;美国的花旗、菲律宾、汇兴;日本的正金、台湾、三井、三菱、住友;法国的东方汇理、中法实业;荷兰的荷商、安达;德国的德华;俄国的道胜;比利时的华比等。

这几种新旧不一、来源各异的钱庄、银行之间存在着密切的关联。巨大投机利

---

* 作者系复旦大学经济学院博士生。

益，决不会被轻易地被不一致的金融制度、金融模式所隔开。比如说，1900 年庚子事变，八国联军接连攻破天津、北京，慈禧、光绪仓皇西逃，逃至山西太原已经路费不足。山西巡抚一时无措，幸有“大德恒”票号太原分号经理贾继英挺身而出，火速募集到二十万两白银，才支持慈禧一直逃到西安。慈禧极为赏识贾继英的能力，日后成立大清银行后就委任贾继英担任了大清银行的第一任行长。

事实上，山西票号不但在国内广泛设立分号，而且早已越出国门，在日本、朝鲜乃至美国都有分支机构。滨下武志教授的研究表明，中国上海的大米出口到朝鲜汉城、仁川，朝鲜大米又出口到日本大阪、神户，从而建立了东北亚大米三角贸易，山西票号就直接参与了其中的贸易结算。

这种金融生态很难用现代规范经济学理论来认识，这些不健全的金融机构竟然在相当广阔的范围内运行得井井有条。显然，国有银行与商业银行不分、钱庄票号缺乏有效风险管理等天生缺陷，在不稳定的外部政治环境中，随时可能爆发巨大危机。

现代金融理念的核心就是监督、管制、规避风险，这些观念和制度在中国的引入离不开张公权这位大银行家。他堪称“中国银行之父”，在实务运作的过程中逐渐领会现代金融学的窍门，促成中国银行制度的发展，最终却无力挽回中国金融体系的全面崩溃。

1912 年 1 月，民国成立，大清银行商股联合会呈请南京临时政府财政部，将大清银行改组中国银行，承认其为中央银行。1913 年 4 月，北京临时参议院通过《中国银行则例》，定名为中国银行股份有限公司，股本总额增至银元六千万元，官商各半。而交通银行亦照中国银行办理兑换券，享受发行权，并规定商业银行纸币发行条例。

年轻的张公权当时正担任邮传部《交通官报》总编辑，受中国银行总裁汤叡器重，就被委任为中国银行上海分行副经理。张公权出于名门，一家读书，人才辈出。他的二哥张君劢是民国时期最重的要政治学家和新儒家学者，他的妹妹张幼仪一度嫁与著名诗人徐志摩。张公权早年留学日本庆应大学，攻读政治经济及银行货币，师从著名经济学家堀江归一和福田德三。庆应大学乃福泽谕吉所创办大学，实力雄厚，自由风气盛行，张公权深受其影响。

可是张公权由于学费不足，试图归国来考试公费留美，未能成功。张君劢对弟弟以中国的涩泽荣一和井上准之助加以勉励，张公权最终决定弃学从商。

新政府成立中国银行，对于决心投身实业和经济的张公权是一个极好机会。

回顾中国银行的发展历史,1907年11月,邮传部奏请设立交通银行,官商合办,股本银仅有五百万两,官四商六;1908年7月,户部银行改称大清银行,重订则例二十四条,资本银增为一千万两,官商各半;1910年4月,清政府颁布币制则例,货币单位定为"圆",施行银本位;而到1913年4月,股本总额就增至银元六千万元,扩张速度极为迅速。在这个时局动荡、制度草创的年代,银行金融业包含了巨大的发展潜力。

张公权上任不久,就发现国家金融活动中存在很多问题。关税和盐税的问题最为突出。研究中国近代税收历史不难得知,关税、盐税、厘金构成了中国三大税收来源。厘金分散在各级地方政府手中,难以集中,且废厘的呼声不断,不可作为长久的资金来源。关税和盐税却由于赔款和外债等原因。长期存于外国银行。张公权因此不断向海关交涉关税存款,希望逐步收回主权。张公权提出,可以由中国银行在各海关所在地代收关税,再拨交总税务司转存外国银行。虽然中国银行只是略微收取手续费,但至少明确表明中国银行代理国库的重要权能。

1915年,又发生一件事情,对于中国的金融制度健全产生不小影响。当时的财政总长周自齐呈请政府,要求将中国银行改为财政部直辖。张公权与上海分行经理宋汉章都据理力争,竭力反对这种将国家财政与金融系统混淆的举措。他们的呼吁终于无法抵制这种荒唐的要求。好在不久以后,政府又任命李士伟任中国银行总裁,替换掉汤叡,同时取消财政部直辖中国银行。

张公权有感于斯事,立即着手编写了《银行业务手册》。这是中国第一本银行业务手册,明确了银行的性质和银行的业务范围。银行制度和银行本身都是新兴事物,但张公权对此有筚路蓝缕之功。

另一方面,张公权意识到中国银行业的管理薄弱,有必要团结同业,共同维护这个行业的规范。那些年里,中国各类银行迅速崛起,除了中国、交通两大国有银行,商业银行亦有了很大发展。清末已有中国通商银行、四明银行;1913年,中华商业储蓄银行成立;1914年,浙江兴业银行、四川聚兴诚银行成立,这些都是由以前的旧式银行或者钱庄改组;新成立的银行则有天津的盐业银行、上海的殖边银行。这十家银行成为当时中国金融的主力,实收资本超过两千万元。

张公权及好友陈光甫等在上海发起了"同业聚餐会",邀请各大银行的总经理定时聚餐,后来就逐步发展成为银行工会。最初参加"同业聚餐会"的有中国、交通以及浙江兴业、浙江地方实业、上海商业储蓄、新华储蓄、盐业等共七家银行,影响逐渐扩大,到了20年代后期,已经成为国内最有影响的金融组织。

在此之前，北京已经成立了北京银行公会，此后，天津、汉口、杭州、南京、蚌埠、济南等地也相继成立银行公会，但是其中还是以上海银行公会影响最大。吴景平等学者的细致研究揭示出上海银行公会与国民政府之间的微妙关系。他指出，在30年代以后支持淞沪会战、维持上海金融市场乃至国内金融业稳定等诸多方面，上海银行公会起了不可替代的作用。

这些都是张公权的实绩，而1916年的“停兑禁提”风波才真正考验到作为银行家的张公权的意志力。1916年5月在梁士诒等人的建议下，国务院突然决定“停兑禁提”。5月10日，国务院毫无预兆地电令中国银行、交通银行总行，从即日起，对两行发行的一切纸币及应付存款都不得兑现或付现，并将所存现金一并封存。据统计，当时中国银行、交通银行这两大银行发行的兑换券多达七千余万元，现金准备二千三百万元。命令曰：“照各国先例，当金融窘迫之际，国家银行有暂时停止兑现及禁止提取银行存款之法。应由财政、交通二部转饬中、交两行，自奉命之日起，所有该行已发行之纸币及应付之款项暂时停止兑现。一俟大局定后，再行颁布院令定期兑付。”

民众对此产生巨大恐慌。接下去连续两天，中国银行门前都发生严重挤兑。张公权顶着压力坚持继续兑换，还特地登报公告延长办公时间。张公权坚持到第三日，挤兑人数开始减少。

看到挤兑情景，袁政府为了缓和人心，改发布命令说：“兹因金融紧迫，会由国务院通过将中交两银行所发纸币暂停兑现，实系一时权宜之计，非不兑换纸币可比。维闻近来商民恐惑，弊窦丛生，于财政前途，大有关碍。现饬国务院筹拟办法，以重市场。所有该两行纸币，为全国信用所关，本与现金无异，政府负完全责任。一俟金融活动，即照纸币面额定数，担保照常兑现。该商民等切勿疑虑，务当依旧行使，用便流通，而重国币。即由各机关通饬一律遵照，此令。”

挤兑风波就这样过去。这次挤兑风波教育了许多银行家，也使得大家认清银行可能蕴含的风险。中国银行虽然业务出色，管理科学，但还是很难完全摆脱政治的干预。很多学者认为，民国建立后的十多年里，中国其实并没有真正意义上的中央银行。

1928年，国内的政治波动加剧，国民政府开始重新制定银行管理办法。11月，国民政府在上海正式设立中央银行。国民政府借鉴以前在广州和汉口设立中央银行失败的教训，决心这次把上海的中央银行真正做成有全国影响的中央银行。中央银行第一任总裁宋子文、第二任总裁孔祥熙，规定该行享有发行纸币、经理国

库、募集和经理内外债之特权，原先由外商银行担任的关税、盐税保管权也全部收回到中央银行手中。中央银行的兑换券不分区域，全国一律通用，且免纳发行税。而当时国内第一大银行中国银行改组为国际汇兑银行。当然改组后的中行实权仍掌握在商股手中，独立自主经营得以延续，勉强维持在商业银行界的霸主地位。

初创的中央银行开办资本 2000 万元，还低于中国银行资本总额(2500 万元)，但是待到 1934 年 5 月，国民政府决议扩充中央银行资本至 1 亿元，从名义上看已经大大超过当时中国银行和交通银行的资本总和。

可是李桂花等学者的研究表示，1928 年的中央银行并不能算是真正的中央银行，应该把中央银行制度确立的时间定于抗战时期的 1939 年，当时政府才正式把分立特许制转向复合集中制。杜恂诚等学者也持有类似的观点。杜恂诚指出，在国民政府中央银行成立以后的十多年间里，在国民政府的强力干预下，中央银行才慢慢地拥有统一纸币发行、集中商业银行存款准备金、监管全国金融、办理贴现和再贴现等权力，这是一个缓慢的转变过程。到 40 年代初，国民政府中央银行基本成为完全意义上的现代中央银行。

究竟哪一年才精确地说是中国的央行成立的日子，1928 年或者 1935 年，其实已不太重要。学者们更关心的是，近代银行和银行制度的变迁对于中国国内工业化进程、国际国内贸易以及中国金融业本身产生了多大影响。

学界对此并无一致的意见。以银行信用手段为主体的金融筹资活动，肯定是中国近代工业资本形成的一条重要途径，既加快了近代工业化运动的历史进程，又给中国经济稳定带来一些不利的影响。李一翔指出："新式银行与新式企业的关系在经历了由不密切到密切的演进过程之后，两者在一定程度集中的基础上呈现了初步的融合趋势，从而对中国工业化运动的发展起了较大的促进作用，但近代中国的银行资本与产业资本最终却未能有机地融为一体，形成金融资本。"

国民政府最终溃败的重要原因之一即是金融崩溃。1948 年，离开金融业十多年的张公权临危受命，担任中央银行总裁来应付恶性通货膨胀。他想出几招，先是发行公债，以公债代替国库证。可是局势濒危，金融界和市民都不认可公债。张公权又想出开放汇市，同样因为黑市猖獗而无功而返。最后，张公权求助于政治打压，再告失败，不得不黯然离开中央银行总裁的位置。中国银行和金融的崩溃，说到底还是银行内在制度缺陷导致的崩溃。

此后，就是另一个央行取代已经崩溃的央行的故事。当然中国银行制度改革还有很长的路要走，至今犹然。

台风眼里看台风
——美国次贷危机考察散记

王松奇 *

2008 年 6 月 1 日至 13 日，中国社科院经济学部派出了自成立后的第一个出国访问团。按照设计，考察团正式团员四名：团长刘树成，团员为张卓元老师和杨圣明老师，我被安上个副团长头衔；工作人员两名：金融所曹红辉副研究员和外事局美大处张丽华处长。一行六人的访问目的地是美国的三个城市：旧金山、华盛顿和纽约；访问单位共计 13 个：国际货币基金组织、美国总统经济顾问委员会、美联储、纽联储、旧金山联储、美国联邦存款保险公司、美洲银行、富国银行、瑞士银行、美林集团、国际经济研究所、ELLIOT 资产管理公司和北美华人投资家协会；考察主题为美国次贷危机。当一场金融风暴还在持续进行过程中时到它的发生源头美国去考察，这的确给人一种台风眼里看台风的感觉。

一、一场丝丝拉拉、缠缠绵绵的金融危机

在最近 10 年中，美国共发生了两次金融危机，一次是 2000 年 4 月开始的美国 NASDAQ 股价狂跌科技股泡沫破裂引发的股市危机和所谓“战后第 10 次经济衰退”；再就是这一次次贷危机，由房地产市场泡沫破灭引发的银行和金融机构流动性危机。有幸的是，这两次都被我赶上了。8 年前我去美国转悠了 23 天，正好赶上股市刚刚开始狂跌，那次危机的后续影响，我都是以后时间里从资料上看到的。

本次次贷危机同上一次由股市危机引发的经济衰退也不能说毫无联系。正是为了应对 2001 年开始的所谓“战后第 10 次经济衰退”，美国货币当局连续降息用刺激房地产市场发展来解决网络经济动力下降的问题，政府当时提出了居者有其屋的动人口号，各商业银行和房贷机构也实行了极为宽松的放贷政策。低利率、简便的房贷申请程序刺激了广大中低收入阶层纷纷成为购房者，购房消费的刺激既拉动了经济也拉升了房价，不断升高的房价又反过来进一步刺激了消费性购房者

---

* 作者系中国社会科学院金融所研究员。

和投资投机型购房者的市场预期，这就生成了从 2003 到 2006 年持续的房市和房贷市场繁荣。

在美国，有一个重要的金融规律，即：只要一项经济活动能产生持续的现金流，各路金融高手们就一定能把它变成个资产池通过包装和信用增级把它变成让人眼花缭乱的金融衍生产品，然后把它卖向全美国和全世界。通常，衍生品的生命力端赖于生它养它的原生产品，一定的原生产品出现现金流中断或信用危机，衍生产品则立即会变成断线风筝，由高高在上的顶端产品在飘然下坠中变得一钱不值——这就是本轮次贷危机中的基本故事线索。

在原生产品的阶段，房贷机构有 1 元钱可以办 10 元钱的事，这也是全世界商业银行的一般资本——资产扩张倍数，但在衍生产品交易领域，通常是 1 元钱能干 30 到 50 元钱的事，因为这里通行的是杠杆交易规则。正因为这样，一旦 MBS(住房抵押贷款支持证券)被进一步结构化处理从中发展出 ABS(资产支持证券)，从 ABS 中又衍生出 CDO(担保债务凭证)，从 CDO 中还可以衍生出 CDO2、CDO3……直至 CDOn。由于评级公司对这些再分层出来的 CDOn 产品的高层次级产品也给予了甚至 AAA 级的信用评等，因此，大量投资者根本不知道自己的 AAA 级 CDO 产品之上还有更为庞大的 A 级贷款层，不知道自己所持有的不过是劣中取优的产品，是由上一层的 BBB 层中被人分割出来的一个优先层，这就带来了市场定价体系的混乱。普通的 CDO，不但可能包括各种 ABS，而且还会含有各种级别和收益率的企业债、贷款等产品，使得整个 CDO 的评级和收益达到优化，吸引市场投资者购买，在这个过程中发行者和承销者会得到巨大的发行承销收益，但其中的风险却在市场中累积起来了。这些令人晕眩的结构金融处理过程所创造的各类衍生产品的每一层级都允许以 40 倍左右的杠杆比率进行交易，即拿 2.5 元钱做 100 元钱的买卖，只要市场参与者交易方向对头，其资金盈利水平将是无杠杆全额资金交易收益的 40 倍，但反过来，其风险系数也同样倍数于普通的无杠杆全额资金交易。例如，假若某金融机构从事 100 亿美元总额的 40 倍杠杆率衍生品交易，当该衍生品发生 2.5 亿元的亏损时，就要被强行平仓。结构金融中的复杂分层评级、令人目眩神迷的资产组合信用增级技术以及大量衍生品交易的高杠杆率所蕴含的交易方式风险，是美国次贷危机得以膨胀并扩大到难以想象程度的一个制度性原因。

所有的期货交易、衍生品交易都实行杠杆交易方式，那么为什么单单次贷的衍生品会爆发一场旷日持久波及全球的金融危机呢？显然，其中一定还有值得重视的特殊因素，即次级房屋抵押贷款——这个 21 世纪初最令人存疑的金融原生产品。

现在,许多人都将美国次贷危机的账记在了艾伦·格林斯潘的头上,认为他任美联储主席时所制定的以低利率刺激经济的宽松货币政策是次贷危机得以生成的最终根源。我因为对格老生平事迹比较熟悉,出于感情原因对这种偏激的论调颇感愤愤。格老的确有些冤枉。实际上,不管谁,只要处在美联储主席的位置上,在2001年那个特定的经济背景下都会毫不犹豫地运用降息刺激经济手段的。问题是,在一定的政策环境下,各种微观主体的经济行为都可能出现扭曲。7年前,当银行和各种房贷机构在"居者有其屋"的宣传口号下疯狂进行放贷业务竞争时,纷纷以创新的形式展示五花八门的优惠,用低利率、低门槛、超宽松、超便捷的手段来吸引客户。在对客户进行细分时,它们运用内部评级法选出若干指标对客户进行打分,通常620分以上为优级,560以下为次级,560分至620分之间的为次优级,各放贷机构当年业务竞争的主战场就是次级和次优级这两类客户。显然,那些560分以下的客户多半是不够放贷条件的,如拉美族裔、非洲裔及各类低收入人群等。在宽松的放贷政策环境下,大量没有稳定收入来源的社会群体都开始买房。在一个不动产行情不断上升的背景下,大量出于换房、投资、投机目的的人群也踊跃加入了买房者行列。人们都会算账:只要房价上涨幅度加租金收入抵补银行贷款利息支出有剩余,房子就可以买进。各放款机构在当年推出自己的房贷产品时就已经预料到了利率上扬的可能性,因而许多产品都附有可调整利率条款。在低利率周期内,这些条款并不对借款人构成任何伤害作用,但到了升息周期和经济下滑阶段,那些购买自住房和参与炒房的中低收入阶层就会因为自身收入下降和利息负担过重出现"断供"(即无法偿还抵押贷款月供)。据统计,从2007年夏天到现在,美国中低收入阶层"断供"总人数已达220万人。还会新冒出多少"断供"人士?我们在访问中问了美国的金融专家们,他们估计,如果经济不景气持续下去,美国的"断供"总人数有可能达到500万人!这是一幅多么可怕的图景!这意味着美国次贷危机要达于谷底还有一多半路程要走,难怪我们向美国的顶尖儿专家们问起"美国次贷危机何时能结束"问题时,不少人都不约而同地回答:"I wish I could know!"

很多年以前,我和老同学贝多广聊天儿,曾说起一些去过美国的人都说"纽约名气那么大,看起来也不咋的,比北京也好不到哪里去呀"的议论,贝多广当年的评论给我留下极深的印象,他说:"有这种想法的人实在是太肤浅了!你也不想想两个城市之间的'城市深度'差异。北京人整天在干什么?人家纽约人整天在干什么!"这些话我想贝多广自己早都忘了,但却在我脑海里打下了烙印。2000年去纽约和这次去纽约,我一直在想这座资本主义之都的"城市深度"问题。

在中国驻纽约总领馆居住的4天时间里，每当我在晚餐时喝完两大碗绿豆粥(在旧金山和华盛顿的那些天根本找不到喝粥的地方)肚子撑得隐隐作痛时，就小心翼翼地走出总领馆来到西河岸边，躺在长凳上，望着湛蓝的天空，心里琢磨纽约"城市深度"的种种表现……

——纽约是自由世界的象征，自由女神像高高耸立在纽约港口的自由岛上，她以悲悯的眼神望着世间芸芸众生，以博大的胸怀接纳所有到这里追寻幸福和梦想的人，即使是罪犯一旦进入纽约也能获得比美国其他所有州都更加宽容的待遇，这的确令人匪夷所思。

——纽约是市场经济的灵魂之都，许多惊人的商业创造都发端于此，因此，它富裕、繁荣、拥挤、零乱。这里随处可见许多城市少见的豪华加长房车，但街道旁和公园里流浪汉乞讨者也比比皆是。我在纽约市中心一个公园里曾经仔细打量过若干个流浪汉的举止和表情，那也的确让人叹为观止：他们衣着脏破坐在公园的长凳上，眼睛都斜斜地望向天空，脸上现出醺然笑意。我非常奇怪：他们到底在想什么？看他们的表情好像比我们这些有着正经工作忙碌事业的人幸福多了。唉！纽约呀纽约，你真是太有深度了——连流浪汉都这么怡然自乐！

——纽约是世界的神经中枢，因为它是全球首屈一指的金融中心。世界各国(当然包括中国)都把自己的黄金储备铸成金块藏在纽联储的地下仓库里。世界各大金融机构如果想在全球金融舞台上施展拳脚就必须在纽约谋得一席之地。曼哈顿岛上聚集着全球一流的金融精英，他们在运用货币和虚拟财富魔杖指挥和敲打着这个物欲横流的现实世界。华尔街上空的蝴蝶如果扇动翅膀常常就能在世界各地金融引发风暴。这是千真万确、不容怀疑的现实，因为华尔街执世界金融业之牛耳，那头牛就站在纽约股票交易所的门前。在全球城市中，纽约最有深度。在纽约，又数华尔街的水最深，它已深到不可测的程度，因此每年每月每日都要"淹死"许多人！本轮次贷危机虽然并非暴风骤雨般猛烈，但今天暴露出几百亿明天暴露出几千亿，资产窟窿一个接着一个，这个黑洞到底有多深谁也不知道，真是一场丝丝拉拉、缠缠绵绵的危机。

二、美国的金融专家怎样说事儿

我们这次考察活动所接触的机构可分为四类：(1) 在次贷危机中直接受损的商业性金融机构，如瑞银、美洲银行、美林集团、富国银行等；(2)监管类机构，如美联储、纽联储、旧金山联储、联邦存款保险公司、IMF；(3)智囊类机构，如总统经济顾问委员会、国际经济研究所等；(4)友情交往类机构如北美华人投资家协会。从接触中可以发现，这四类机构在美国次贷危机、美国经济走势以及美中关系问题上的不同立场和观察角度。

给人印象深刻的是，在对这10多个单位进行访问时，绝大多数的接待单位都为中国社科院经济学家代表团的到访专门准备了材料，只有富国银行和瑞银例外。富国银行在美国银行业资产排名中居前几位，据说是美国次贷第一大贷款机构，由于经营稳健，该行在此次危机中损失不大。该行的接待人员由一伙在美国待了10或20年左右的六七位华人组成，接待态度热情但无材料准备，在两个半小时的会谈中给我的印象不深，原因是他们对有关次贷危机的描述和分析缺少逻辑性和精确性，他们讲话时我就以手拄头倒时差。

瑞银是我们访问的第二家商业性机构，因为中国驻旧金山总领馆一秘李爱民是介绍人，瑞银对我们的访问倒是很重视。他们请出来两个部门总裁级别的人与我们见面，并请来一个台湾人主讲，这个人很有水平，他对美国次贷危机的发生原因进行了逻辑分析又对美国政府和美联储的四种救助招法系统地批判了一通。遗憾的是，他说讲话用的提纲不能给我们，要请示上级才行。瑞银也是这次金融危机的重灾户，所以当我们提问谈到瑞银的损失时，他们支支吾吾地说，这件事不归他们部门管，所以无可奉告。这种情形在以后访问几个次贷受损机构时一再发生，这说明普天之下的人性人情规律都大体一样：自己过五关斩六将可以大说特说，而败走麦城则万万不能提及。

在访问的所有商业型金融机构中，与美林集团北美地区首席经济学家罗森伯格(DAVID ROSENBURG)的会面给我留下的印象最深。罗森伯格在6月9日下午一个小时的见面时间内概要地介绍了他刚刚做出的一个研究成果《美国经济衰退路线图》。这个成果的表现形式是一本139页完全由图表构成的小册子。小册子从一幅1890至2007年美国CASE-SHILLER真实房价指数图所标示的历史上的房价泡沫讲起，直观地告诉人们引发次贷危机的是美国100多年历史上最大的一个房地产泡沫(用CASE-SHILLER指数升幅表示)，在接下来的150多个图表(有的页码上登载两三张图表)中介绍了美国历史上的技术泡沫、粮价泡沫和房价泡沫、二战后经济扩张期平均持续长度、经济衰退平均持续长度、经济衰退各类宏观相关指标表现、历史上美国房价暴跌时的指标表现等等。在这些分析的基础上，罗森伯格用最直观的方法证明了美国经济在本次金融危机的作用下已步入滞涨阶段。

在我们这次美国考察活动所接触的所有人中，罗森伯格是唯一一个在我们问到“美国次贷危机何时结束”问题时没有用“I wish I could know”说法的人，而是直截了当地告诉我们：“2009年第四季度！”这个加拿大籍经济学家还是个十分有意思的人，那天谈话业已结束，我们考察团6人都已起身准备和他及他的助手们握手道别了，罗森伯格突然又冒出了一个问题：“等一下，先别走！能不能谈谈你们对美国总统大选的看法？”我们6人面面相觑又重新落座。我说：“我来回答这个问题吧！”于是侃侃而谈讲了一下我对美国大选的看法，主要观点是：喜欢奥巴马不喜欢麦凯恩，奥巴马有可能是能够重振美国由华盛顿、杰斐逊等人奠定的核心价值观对世界和平发展做出积极贡献的领袖人物。罗森伯格听完后非常高兴地说：“十分有趣！我也认为，如果让世界人民来选美国总统，那麦凯恩就没的玩了！”

在访问美国的四个监管机构——美联储、纽联储、旧金山联储和联邦存款保险公司时，我觉得自己就像是走进了中国人民银行总行某个部门的办公室，接待的人是那样礼貌专业同时又不冷不热，说出来的话客观中立不偏不倚，你想从他们嘴里多套出些带有明确预测的话来，那是白日做梦。在这些监管机构官员中，1973年出生的刚刚被任命为美联储副主席、大学教授出身的瓦什(Warsh)给我的印象最为深刻。他回答问题简明扼要，陈述观点逻辑性极强，关于次贷危机的发生原因他给出了一个最独特的解释——“人的贪婪本性导致了这场危机”。这的确是个不同凡响的解释，听了他的话我当时在心里说道：“这小子前途不可用线儿量！”

人与人相见总能生成某种气场，就像金庸武侠小说所写的那样：两个身负高明武功的人一见面，双方身上都散发出杀气，凭着这股杀气就可以估量出对方功力深浅。在此次访美考察中，我们走过的机构散发出的气都是一种友好谦和的待客之气，只有一处除外，那就是闻名美国和世界的国际经济研究所，因为这里出面接待我们的三个人——所长伯格斯坦(Bergsten)、中国经济研究专家拉迪(Lardy)和戈德斯坦(Goldsten)，每个人身上都散发出一种智慧型的杀气。正因为这一点，这次考察会谈是我精力最集中的一次。虽然有些不好意思，但我还是要坦白：在本次赴美考察的十来天时间里，我在美联储、富国银行、美洲银行、联邦存款保险公司等处一个多小时的面谈时间里都有或长或短的打瞌睡记录，除了倒时差的原因外，更重要的原因是这些接待我们的外国朋友有时会说些我已经知道的事，而且，平心而论，他们的地道美语又那么好听，让人听起来浑身上下所有的毛孔都舒服极了，所以我能坐下几分钟后就迅速入睡。这也衍生出个笑话：从美国回来后的某天中午，在李扬儿子的结婚喜宴上，金融所的出站博士后中信证券的高管层人士高占军因高兴猛喝了几杯茅台后竟在喜宴进行时坐在觥筹交错的桌边睡着了，待十多分钟后被人喊醒。看着哄笑的酒友，他为了解嘲竟言道："我在这睡一小觉儿算什么？你看松奇老师多牛，都睡到美联储去了！"来到国际经济研究所，我无丝毫睡意，因为拉迪20多年前就来过中国，尔后每年都来一次或几次。他会讲中文，一上来就说中国经济有三大缺陷：不平衡、不协调、不可持续，而且还强调"这是你们的温家宝总理在某次会议上说的"。伯格斯坦则创造性地提出，中国可以和美国一起来领导世界！这让我们考察团一行六人既感动又有些出乎意料：我们没想到中国的国际地位在他们眼里竟如此之高，因为中国在过去160多年里曾经挨这个打那个打，不做世界老大已经几百年了！戈德斯坦则说他已经发现了能使中国国际收支实现平衡的最佳手段，那就是，按30%左右的水平大幅提升人民币汇率。据他观察，中国经常项目多年来的出超大致稳定在10个百分点左右，根据测算，人民币对美元汇率每升值10%，就会使贸易出超下降3个百分点左右，如果一次升值30%，在进口不变的情况下出口下降10%左右中国的经常项目收支会立即实现平衡！听起来这是个既简便又天才的想法。戈德斯坦身材十分高大面色红润，讲话时面带微笑充满自信，一眼看去就知道他是个直率热情又略有些自恋倾向的家伙。他雄辩滔滔的讲话刚刚结束，刘树成又像往常一样偏过头来冲着我用考察团长的口吻半是命令半是征询的语调道："松——奇——"

我于是答道："将国际收支失衡做为中国宏观经济的焦点问题这的确是眼光精准，用人民币汇率的一定提升幅度和降低贸易出超比例的逆相关关系来实现经常项目平衡这个方法也似乎简明适用。问题是，人民币汇率调升和进出口之间是否存在着这种简明的线性关系？其中，戈德斯坦建议中最明显的欠缺是忽略了中国出口企业在本币汇率改变条件下的自调节能力问题。我举日本为例，当年日元兑美元曾经360∶1，'广场协议'后，日元急速升值到90至100左右兑换1美元，但看看日本1985年后的经常项目顺差却不降反升，已从'广场协议'前的每年500多亿美元达到每年600亿美元左右，其中的关键因素是日本企业的自调节能力。那么，中国企业应对本币汇率升值的自调节能力就一定比当年的日本企业差吗？当然，可能差也可能不差。如果不差，那戈德斯坦建议中人民币汇率调升企业出口能力就一定下降、贸易顺差就一定减少的逻辑前提不是化为乌有了吗？果真如此，这种政策建议还有什么意义？"听过我的话，戈德斯坦的面色由潮红转为殷红，他搓着双手喃喃地说道："我看过一个资料，那个资料上就是这么说的，人民币汇率升10%，外贸出口就要下降3个百分点。"这时，伯格斯坦出面对戈德斯坦进行"火

力掩护”。他说:“王教授刚才说的和历史事实有出入:日元不是在‘广场协议’之后才开始升值的,而是在1971年就出现了升值倾向!”我笑了笑答道:“这个历史事实的确切情况只要上网一查就会一清二楚。我只不过用日元大幅升值前后日本企业的自调节能力来说中国企业未必就没有日本企业的自调节能力。如果中国企业也那么优秀,戈德斯坦政策建议的逻辑前提不就没了吗?”这话出口后,伯格斯坦、拉迪和戈德斯坦已没法再接茬了。其实,自2003年以来我也一直主张用一次大幅调升人民币汇率的办法来解决本币估值过低、贸易条件恶化和人民币币值单边向上预期导致的热钱流入等问题,且均有白纸黑字和一些论坛演讲录音为证,之所以故意和戈德斯坦“找茬”,无非是隐隐约约感到这三个人的才气和牛气过盛罢了。

三、心系祖国的华人投资家

美国的中餐馆大都规模较小,经营的中餐基本都已变味,纽约的“绿杨村”饭店倒是个例外,分上下两层楼有几十张桌子而菜肴的中式味道更浓一些。6月11日,以旅居美国且在华尔街工作的人士为主体的北美投资家协会为迎接我们这个代表团在这里举行了颇为盛大的晚餐会。席开七桌,有些人还是专从其他城市赶来的。我在旁边观察:这个晚餐会原来是协会发邀请函,到此会餐者每人当场交40美元,想必他们事先已和饭店老板谈好了价格。我们社科院的几位作为请吃对象就这样免费一吃了。这是到美国以来人数最多、气氛最热烈、内容最有意思的一顿饭。这些海外游子中只有极少数几个人是20多年前来美国的,绝大多数人到华尔街各类金融机构工作时间不过10年左右。他们不常回国,因此特别关心国内形势。这顿饭从开始就一直有人在麦克风前发表讲话。酒过三巡后,讲话又变成了对我们考察团的提问。问题从中国投资公司投资美国黑石集团、摩根斯坦利造成严重亏损问题一直到经济增速、环境污染、粮价肉价股价房价等等。看得出,这些人最关心的事是中国会不会发生经济危机和金融危机。我对他们提出的问题都一一作了回答。之后,有位年纪较大已经位列某大金融机构高管的华人兄弟拿过一个无线麦克风大声说道:“我怎么听来听去感到王教授好像是国家计委的干部呢?”我立即回应道:“这位仁兄的意思是说我保守僵化,说我为政府辩护,他可能自认为是国家体改委的干部!来吧,你上来彻底说说你的想法!”这样我才从主讲的位置抽身出来。不过,这位仁兄絮絮叨叨讲了很长时间,也没听出有什么惊世骇俗的高见。也许他有一些关于中国的负面看法，见我虎视眈眈地看着他一副随时准备反击的样子所以把想说的话咽回去了。那天晚上我的巨大收获是收到了一大堆名片，回国后也接到了一些热情洋溢的电子邮件，全是那天晚宴上认识的青年朋友发来的，内容大致相同——你回答问题机智精彩，希望拜你为师以后多多联系云云。我知道，在美国求学无论读硕士还是博士学位，都十分不易，获得学位后能在华尔街谋得一席之职更是难上加难。在这场旷日持久、拖拖拉拉的次贷危机中，华尔街是台风的风眼，是惊涛骇浪中的漩涡。听说华尔街各金融机构已大批裁员，而且还有几万人的裁员计划，这使很多原本很专业、很优秀、很自豪的在美华裔金融从业人员惶惶不可终日，一些头脑灵活的年轻人已开始在国内找路子谋求新的发展机会。8 年前我来美国时也见过一些在美工作的华人，那时候，很多人都给我留下了表现优越、好为人师的印象。这一次和 60 来位华人投资家协会的会员见面，颇为自矜的人士只有寥寥几位，绝大多数人在礼貌和笑容背后都隐藏着不够从容乐观的情绪。这景象令我想起了一位哲人的名言："一个人的幸福感完全取决于他邻居的生存状态。"我认定，自己虽然在中国社科院的体制内基本工资每月只有 2574 元，但这里自由稳定，写文章、研究问题都和自己的生活爱好相吻合，所以我的以自我满足为主要内容的幸福指数可能比这些华尔街的华人投资家们都高——当然，比那些业已在次贷危机中"断供"的 220 万美国中低收入阶层的购房者和破产金融机构员工更高。

四、结语：次贷危机是美国趋势性衰落前兆还是事件性震荡

美国的次贷危机不仅造成了美国经济的轻微衰退，也拖累了全世界，这是不容置疑的现实。从宏观经济指标看，美国比中国相差多多。但我们不应当由此滋生盲目自大情绪。看看美国各条州际高速公路两旁的原始森林，看看美国发达完善毫无意识形态灌输的小学、中学和大学，看看美国蔚蓝的天空和清澈的河水，看看美国一直在世界上保持遥遥领先地位的科技实力，想想美国在经济、金融、社会、法制、人才等方方面面的体制性优势，我觉得虽然美国现在还深陷次贷引发的金融危机中，但谁小看了美国，谁就会犯极大的错误。美国次贷危机绝不应当被理解是美国国力衰退的先兆，它仅仅是一个引起经济金融震荡的泡沫事件。对美国来说，可怕的不是金融危机和经济衰退，而是民主自由口号下掩盖的军火集团利益对其外交政策的巨大影响及由此衍生的巨大国力资源浪费。

参加美国地方选举到底需要花多少钱?

高新军*

都说在美国参加竞选是富人的事情,因为参加竞选是需要花钱的。但是,美国的选举分为联邦、州和地方三级。那么,参加美国地方选举也需要花很多钱,也是富人的游戏吗?笔者有幸在2008年4月份实地考察了美国马萨诸塞州艾莫斯特镇理事会成员的改选过程,所见所闻或许可以对上面的问题给予解答。

艾莫斯特镇位于马萨诸塞州的西部,是著名的马萨诸塞州立大学主校区所在地。位于该镇的还有在美国学院排名第一的艾莫斯特学院和另一所翰普什尔学院。所以这里是名副其实的大学城。目前,该镇有居民35000人。2008~2009年的财政预算收入为6300多万美元。该镇实行的是镇民代表大会制度(Town Meeting),由10个选区分别选出的240名人民代表组成代表大会,来行使最高决策权。在Town Meeting闭会期间,由选民直接选出的镇理事会(Select Board)来行使日常决策权。理事会由5人组成,任期3年,每年改选1/3。当镇理事会成员没有工资,每年每人只有300美元的象征性补贴。2008年该理事会需要改选2人,有5位候选人参加竞选。

别看是地方选举,美国总统选举中所具有的内容,在地方选举中一样也不少。首先是提名,每位候选人至少需要有50名当地选民的推荐,才能成为正式候选人。其次是广告宣传。在当地的周报《艾莫斯特通讯》和《Gazette》上,那段时间经常可以看到整版的竞选广告和照片,以及各个候选人的拥护者的赞扬文章。再次是电视访谈。当地的电视台在4月1日投票日两天前举办了有5位候选人参加的电视访谈节目,由当地电视台负责人主持,每位候选人有30分钟时间来阐述自己的竞选纲领,其间也接受选民的电话提问。最后是发动自己的竞选团队和志愿者向选民拉票,上门散发竞选传单,在繁华路口和人员聚集处举竞选标语,为各自喜欢的候选人造势。

其实,所有这一切竞选活动,都需要有经费支持。在这个时候,候选人竞选经

---

*作者系中央编译局比较政治与经济研究中心研究员。

费的多少,确实在很大程度上左右了是否能够当选。5 位候选人中,2 位是男性,3 位是女性。

Irv Rhodes 先生是一位在当地居住了 25 年的小型企业的经理,黑人。竞选纲领是:减少政府运转成本,帮助当地企业更快发展。他计划为自己的竞选筹集 4500 美元,实际筹集了 3255 美元,截至最后选举前一个星期,已经花费了 2883.38 美元。为他捐款的人包括当地的企业和个人,企业最多的捐了 250 美元,个人最多的捐了 100 美元。一位 88 岁的二次世界大战退役老兵也给他捐了款。

另一位男性竞选人是 David Keenan 先生,他参加竞选有些像美国总统大选中除了民主党和共和党之外的第三者拉尔夫·纳德,因为他的竞选纲领就是:走出差中选人的困境。他参加竞选就是希望自己的观点引起人们的注意。所以,他拒绝了所有的捐款,在整个竞选过程中只花费了 24 美元。从他这么少的选举经费也可以看出,他并没有把结果看得多重,而是更注重参与的过程。

Hwei-ling Greeney 女士是一位居住在埃莫斯特镇 20 多年的华裔,一个家庭式中餐馆的老板。这次她是争取连任。她的竞选口号是:更绿、更强、更易居。为了争取连任成功,她成功地筹集了 5977.57 美元,截至最后选举前一个星期,已经花费了 5102.55 美元。她的捐款大多来自选民的小额捐款, 个人捐款最多者为 100 美元。

Stephanie O'Keeffe 女士是一位在艾莫斯特镇政府内工作多年的社会活动家。先后担任过镇救助中心理事会的主席、镇民众代表、老龄委员会的委员,并有两年参加镇理事会为会议写报告的经历。可以说对镇政府的运作了如指掌。她竞选的口号是:充分协作、合理次序、广纳公众的意见和建议。她为自己的竞选筹集了 7134 美元,截至最后选举前一个星期,已经花费了 5745.12 美元。

Diana Stein 女士是一位从 Mount Holyoke College 退休的生物学教授,在当地已经居住了 43 年。她的竞选口号是:保持艾莫斯特高品质的生活。由于自 2000 年高科技泡沫破灭以来,当地政府财政状况每况愈下,已经对民众的生活质量产生了严重的影响。她自认为必需出来竞选公职,改善这种状况。所以,她为竞选筹集了 8541 美元,截至最后选举前一个星期,已经花费了 6875.26 美元。

那么,候选人筹集到的经费具体又花在了什么地方呢?

Stein 女士是筹集到竞选经费最多的候选人。她用在报纸竞选广告上的费用是 1287.59 美元。其次是印制竞选标语、徽章、传单的费用和助选人员的劳务费。这几项开支占据了她竞选支出的大头。

O'Keeffe女士是候选人中第一个靠贷款开始竞选的候选人。在2007年的12月，她从银行贷款2500美元，开始了她的竞选路程。之后，她为自己竞选筹集到了7134美元。她花在竞选广告上的资金达1668.40美元。在印制竞选标语等方面，她也花费不菲。

Greeney女士的竞选资金基本都花在了当地。她在竞选广告上花了1257.63美元。她自己承认，她将差不多5000美元竞选资金贡献给了当地的文印、标牌制作等小企业，为当地经济的发展提供了5000美元的消费力。

Rhodes先生筹集的竞选资金不多。所以他没有在报纸上做竞选广告。他的钱主要用于制作竞选标牌、标语、徽章和传单方面。而且，为了节省费用，他不辞辛苦，货比三家，找到了价格比较合理的印制企业来承印他的竞选材料。这样，他筹集到的竞选经费基本可以满足需要，不会因为参加竞选失败而负债累累。

2008年4月1日镇理事会成员选举的投票率为22.6%，最后当选的是筹集竞选资金最多的Stein女士和O'Keeffe女士。她们分别获得了2203票和2139票。筹集选举资金处在第三位的Greeney女士获得了1393票。Rhodes先生得了794票。竞选只花了24美元的Keenan先生得到了196票。

从表面上看，确实是筹集到最多竞选经费的两位候选人，最后当选了。但是，只要仔细比较这5名候选人的知识背景、工作经验和竞选纲领，就不能不承认筹款能力的差距多少也反映了选民对这5名候选人的认可程度。对选民有很大影响的当地报纸《艾莫斯特通讯》和《Gazette》在投票前也公开推荐Stein女士和O'Keeffe女士为镇理事会的适当人选，并列出了她们俩比较其他三位候选人更多的优势。亲眼目睹这样一个美国地方选举过程后，我可以说，参加美国地方选举，离开钱是不行的，但绝对不是钱可以左右一切。

韩国濒临经济危机

詹小洪*

一、危机征兆

李明博上台以后，韩国号经济航船并没按这个青瓦台新主人指引的航向行驶。当下韩国经济全面亮起了红灯,各项经济指标陆续跌至1997年韩国金融危机(韩国政府和学者多称外汇危机)以后甚至是韩国经济有统计以来最糟糕的水平。韩国传媒不时用“又一个马其诺心理防线被冲破”来形容韩国经济所处的险境。

1. 消费价格(CPI)高企。韩国政府曾宣布2008年CPI上涨率将控制在3.3%,事实上是每月均突破此限。CPI与上年同比,6月份是5.5%,7月份是5.9%。韩国金融危机爆发后的1998年底,CPI是6%,眼看这道“马其诺心理防线”攻克在即了。

2. 内需不振。由于物价上涨,家庭实际购买力下降,今年上半年韩国居民消费增长率同比由4.5%下滑到3%左右。由于受到国内外经济不景气和韩元贬值造成的进口价格上涨等影响,固定资产投资增长率仅3.1%,只有去年的一半水平。

3. 首现外贸逆差。出口是韩国经济的发动机,近些年,出口对韩国经济增长的贡献率都在90%以上。即使是近几个月,韩国出口形势仍然捷报频传。但由于国际原油及原材料价格涨幅过大过快,出口的收入的增加赶不上进口原油及原材料涨价带来的损失。2008年头7个月,韩国外贸收支竟有6个月是逆差。加上韩国服务贸易向来是逆差,今年韩国经常项目收支将大大恶化。上半年,韩国经常收入项目逆差为57亿美元,全年估计得超过130亿美元。这将是金融危机以来的第一次。

4. 股市下跌。李明博上台前,韩国股市(KOSPI)大约在2000点,李曾夸下海口，他上台后股市要上涨到5000点。不到半年，股市却直线下滑。目前在1550~1600点徘徊。1500点是韩国经济的又一道“马其诺心理防线”。

5. 汇市下跌。几乎全球各国货币对美元都升值的情况下,韩元对美元的汇率

---

*作者系中国社会科学院经济所研究员。

却走低。李明博上台前，韩元对美元大约在 950：1。最近几个月韩元一直贬值，一度跌至 1050：1，以致韩国政府抛售美元挽救韩元。韩元贬值与韩国今年以来经常收支出现逆差、外资撤离韩国和对外债务骤增关系很大。

自从 2001 年以来，外国投资者在韩国股市持股比例一直在 30%以上。2003 年 10 月突破 40%，2004 年 4 月达到 44.12%高峰后，开始逐年回落。2008 年 6 月 9 日至 7 月 23 日，外国投资者创纪录地连续 33 天抛售韩国股票近 9 万亿韩元（约合 625 亿人民币），这是时隔 8 年后，首次跌破了韩国股市上外资持股率 30%的“马其诺心理防线”。

外国对韩直接投资（FDI）呈现纯资本外流。据韩国央行报告，从外商参与经营而在韩国购买 10%以上企业股份的情况来看，资本流入减去资本外流的纯投资额，今年上半年达负 8.86 亿美元。也就是说，外商从韩国回收的资金比在韩国的直接投资更多。这是 27 年来的韩国首次。

在 2008 年 3 月底，韩国对外债务已达 4125 亿美元，纯对外债权（对外债权减对外债务）仅 149 亿美元。对外债务中一年期的短期债务占 42%以上，堪比金融危机的前一年 1996 年底的 48%。同时，韩国对外债务中短期债务占韩国外汇储备额（6 月底 2581 亿美元）的 80%。这种情况下，韩国极容易沦为纯债务国，而沦为纯债务国的危险已经导致韩国经济的国际信誉评级下降。

汇市下跌、外资撤离和对外债务骤增使韩国“沦为没有魅力的市场”。美国华尔街金融专家提出韩国长期停滞的可能性，将韩国列入分类为投资损失风险较大国家。

6. 房市萎缩。曾几何时，韩国房市也是一路飙升，房价高得烫手。现在经济不景气也波及了房屋市场。目前韩国全国有未销售公寓 13 万多套。这已经比 1997 年金融危机时未销售房屋还多 30%。再加上，开发商不愿意如实申报公寓积压情况，因此专家称，实际上，韩国未销售房屋在 25 万套左右。

在中国能看到的房地产市场的窘境韩国同样能看到。一部分开发商将房屋以低于市场价 30%的价格卖给了房地产公司；有些开发商一个月连一套公寓都没卖出。2008 年内有 180 家开发商破产，与去年上半年同比增长了 45%，一天平均有一家开发商破产。除了几家大型开发商集团，绝大多数开发商处于生死关头；开发商想降低房屋售价，但又遭到已购房业主的抵制。未销售住房套住了约 60 万亿韩元（约 4133 亿人民币）资金。韩国媒体形容这些未出售房屋等于随时毁掉韩国经济的“定时炸弹”。

7. 家庭债务沉重。金融危机后的十年里，家庭负债沉重取代了 1997 年企业资产负债比率高,成了韩国经济的最大隐患。目前韩国全国家庭负债已达到历史纪录的 640 万亿韩元,户均负债达 3901 万韩元(约合 27 万人民币)。沉重的家庭债务只会导致居民消费进一步萎缩。

8. 就业不振。李明博竞选总统时曾喊出每年增加 60 万个就业岗位,五年共创造 300 万人就业的口号。实际上,2008 年上半年,新增加岗位同比不超过 20 万个。更令人担忧的是,由于就业市场停滞,工作岗位减少,求职不易,许多就业适龄人员尤其是一些刚毕业的大学生干脆不进行经济活动,这种放弃求职的人口越来越多。

光看今年上半年经济数据,韩国实际上已经陷入了低增长(约 5%)高物价(接近 6%)的滞胀局面。上述现象可以用油价攀升—物价上涨—引发内需(消费和投资)萎缩—股市、汇市下跌—外资撤离—工作岗位减少这样一环扣一环的逻辑来说明。

由于出现上述不祥的征兆,最具影响力的《朝鲜日报》发表了《韩国重现外汇危机迹象,噩梦是否重演?》文章,引用许多韩国权威人士和经济专家的话说,“有很多迹象表明,目前的韩国经济状况似乎与外汇危机时期很相似”。韩国财政部长说:“虽然不能说目前处于危机状态,但整体的经济趋势正在滑向危机局面”。也有经济学家认为,1997 年的外汇危机不可能出现,但由三高(高油价、高物价、高家庭债务)三低(低增长、低就业、低股市)引发的金融危机有可能出现。

二、危机成因及对策

韩国经济困境之成因既有内忧亦有外患。

内因是众所周知的由进口美国牛肉导致的长达数月之久的烛光集会和随后的罢工活动。

韩国经济研究院发表了一个《烛光示威造成的社会损失》报告,指出,由于长达百余日的烛光集会,导致国家经济直接损失共达近两万亿韩元(137 亿人民币),相当于韩国 GDP 的 0.2%以上。

伴随烛光集会,韩国民主劳动组合总联盟举行的罢工也造成了韩国经济直接损失,达 6685 亿韩元(46 亿人民币)。

外患与经济全球化密切相关。具体来说是国际能源和原材料价格上涨、美国次贷危机、中国宏观紧缩等等。

国际能源和原材料大幅度涨价推高韩国内物价。韩国是个资源极其缺乏的国家,能源几乎完全依赖进口,是世界上第七大石油进口国,第四大石油消费国。尽

管今年上半年韩国能源消耗与去年同比还减少了1.1%。然而，由于今年上半年原油、煤炭、天然气价格大幅上涨，导致韩国上半年在进口能源的费用高达702亿美元，超出2005年全年的能源进口金额(667亿美元)。今年上半年韩国总进口额达2198亿美元，其中用于进口能源(原油、煤炭和天然气)的费用占32%。

能源价格上涨极大地推动了生产者价格指数和消费价格指数的上升。有韩国经济专家做了一个模型预测石油价格为每桶150美元时的惨境：GDP年增长将只有2.5%；消费价格指数(CPI)将上升至8.9%；经常项目收支将为负180亿美元。

美国次贷危机。美国是韩国第二大的商品出口市场，当美国人由于次贷危机都在过紧日子时，对韩国商品的需求自然减少。近几年，韩国对美国的贸易顺差一直在减少。今年上半年更降至只有28亿美元，比去年上半年减少38.4%。

中国因素影响。从2003年起，中国取代美国成为韩国第一大出口市场。中国一直也是韩国外贸顺差的最重要来源国。但据韩国方面报道，近年韩国对华贸易的顺差也在减少。去年降至200亿美元以下。韩国的经济命运与中国的宏观经济形势息息相关。可以说，中国打个喷嚏韩国就感冒。中国无论是"通货膨胀"或者"通货紧缩"或者人民币升值还是贬值都会严重影响韩国股市。有韩国媒体称，近年人民币升值，由中国出口到韩国的物价急剧上升，这种"中国输入型通货膨胀"是推动韩国物价上涨的重要外因。

流年不利，促使李明博政府逐渐放低身段，不断调整经济政策。

7月3日，韩国财政部长正式宣布，将政策方向从"增长"转为"稳定"。表示根据油价动向，增长率有可能进一步调低，将把稳定物价和民生作为首要经济目标。专家指出，这意味着"747"(每年增长7%，十年后人均GDP达到4万美元，成为世界排名第7的经济强国)为象征的"李明博经济"(MBnomics)实际上已经被放弃。具体是：

一再降低竞选时减出的承诺。竞选时提出的经济年均增长率7%自然无疾而终，李明博上台后减到2008年要增长6%。实际上2008年上半年只接近5%。韩国政府7月初调整了经济目标：将经济增长率从当初的6%下调至4.7%；CPI由3.3%上调至4.5%；经常收入项目赤字由70亿美元调整为100亿美元。但专家们分析，由于经济形势还在恶化，这些指标很可能都会被突破。

李明博政府还放弃了推进一系列雄心勃勃的改革计划。让韩国变得更绿，大大降低物流费用的连接首尔与釜山的"京釜大运河"计划实际上被放弃了。以提高效率为宗旨的让大批公共机构民营化的规划也被搁置了。

独立不羁，与尘世保持距离的大学

胡海鸥 *

我们EMBA游学团在短短16天的行程中，访问了美国十余所一流大学，尽管走马观花，浮光掠影，但还是能透过他们校园的美丽，感受到他们大学的独立不羁，以及与尘世保持距离的文化，这正是中国大学在国际上排名偏后的软肋所在。

哥伦比亚大学坐落在纽约市中心，现代化建筑的明快线条和气派构图自不待说，校园里有个很威猛的雄狮子雕塑，它张牙舞爪地显示着学校的后劲与潜力。图书馆正面有个很大的露天商场，好像是学生们交易多余物资的地方，不过也有一些数量挺多的同类物品。有个学校创始人的塑像高高地坐在图书馆的台阶上，他俯视着商场，好像对着市场中忙碌的人发笑，走过这个市场十余步，可以看到一排6~7口棺材模型，上面覆盖着美国国旗。有两个女孩，一个在敲小小的丧钟，另在大声地讲演，主题是反对伊战。尽管没有人特别留意她们，她们还是不屈不挠地坚持着。一边是和平繁荣和兴高采烈，另一边则是凄惨切切和愤怒无奈，这两者居然和谐地结合在一起，表现着美国校园文化的多元性。

普利斯顿大学的校园非常漂亮，许多房子都有文艺复兴时期的造型，有圆形的，有教堂式和古堡式的建筑，置身其间让人好像回到遥远的年代。普利斯顿大学的总办公楼外面古色古香，门口有两个铜狮子，它们不是毛发密集威猛的雄狮子，而是脑袋小小的雌狮子，底座上刻着捐献者的班级与年级。门很高大，双层的，关得非常紧密，进入其中，就只能靠灯光照明。顶穹显得相当之高，四面墙上有着在一战、二战、韩战牺牲的学生名单，左右两侧墙上悬挂着美国国旗和普利斯顿大学的校旗，显示着历史的凝练与厚重。左右两边的通道通向校长办公室和各职能部门。中间的大门打开，又是一个大厅，里面有一排排像是教堂里的长凳，墙上挂着一人多高的半身肖像画，布置得非常庄严肃穆，这大概是他们的校史陈列室，这些肖像画应该是他们的历任校长和做出杰出贡献的人。不仅在普利斯顿大学，美国校园都可以看到代表国家精神的旗帜和学校历史上做出重要贡献人物的塑像，但是，我们却没有看到领袖的肖像和塑像，这不能不是大学与世俗甚至政治生活保持张力的表现。

---

* 作者系上海交通大学教授。

耶鲁大学的设计者则刻意制造窗户玻璃的裂痕，瓦片的陈旧，雕塑的残缺，以显示耶鲁年代的久远和敌人的入侵。走进一个大的院落，可以看到四面都是古堡式的建筑，底色偏红。一片很大的绿地，有着若干学校名人的塑像，许多金发碧眼的少男少女在灿烂的阳光下读书嬉闹。走进另一个门洞，又有一片豁然开朗的天地，背景底色偏白，四周还是古堡式的建筑，又是一帮金发碧眼的孩子在那里嬉戏晒太阳，你会怀疑自己是不是回到了维多利亚时代。据说，耶鲁有 12 个学院，每个学院都有这样非常漂亮独立的院落。

耶鲁的草坪上有着许多塑像，其中一尊年轻人的立像最为令人动容。他是耶鲁的毕业生，也是美国历史上第一位间谍。他在独立战争时被派往英国，因为拿刀叉的习惯与英国人不同，所以才当了一天间谍就被英国人识破，并且被处死了。后来，美国中央情报局(FBI)想把雕像树在 FBI 门口，作为他们间谍事业的先驱，却没想到遭遇耶鲁的拒绝。他们只好趁着夜色，爬进耶鲁，拓下这张脸，再塑一座像。这个故事好笑中显示着耶鲁的独立，甚至傲慢。若同样的情况发生在中国，我们的大学一定非常高兴地举行赠送仪式，并将国家关键部门对我们东西的看重作为我们大学的无上光荣。我们大学的国家意识比耶鲁强多了，但是独立不羁的精神差得太远了。

耶鲁的独立不仅表现在对国家世俗的态度上，而且表现在对至高无上的上帝上。耶鲁图书馆的外形很像是教堂，据说设计师正是要为耶鲁设计一座教堂，以表达他对上帝的崇敬，但是被耶鲁否定了。设计师无奈，只能按教堂的外形设计图书馆，并按教堂的风格装饰内部。图书馆正面借书的柜台上面有幅很大的画，其中有 12 个人物。乍一看好像是耶稣和他的信徒们，实际上却是耶鲁 12 个学院的院长。窗玻璃上的画看起来都像是宗教人物和故事，实际上却是学校里的故事和人物。这样的设计让我们陷入庄子的困惑和疑问中：是耶鲁人物披上了宗教的外衣，还是宗教披上了耶鲁人物的外衣。耶鲁拒绝的不仅是设计师意愿，更是宗教对大学的进入。上帝在西方文化中是地上天上至高无上的，耶鲁居然敢对之说不，其风骨之傲，腰板之硬令人可钦可佩，可感可叹。比较起来，我们的大学则一直匍匐在国家精神和政权意志的脚下。不能在精神上站起来的大学，其学术很难领先。或者即便学术领先了，也会因为精神的缺失或疲软而难以跻身世界名牌大学的前列。

斯坦福大学最为漂亮，不仅在于它的面积是我们清华北大的 7 倍以上，校园里到处绿树成荫，高尔夫球场随处可见，教学大楼会在浓郁葱茏的大树后面突然闪现出来;更在于在学校的中心地带,有着非常宽阔的马路伸向远方。远处有座钟楼,旁边一片土耳其式的建筑,前面是个大花坛,外围是绚丽多彩的鲜花,中心是个很大喷水池,飞溅的水花构成晶莹透彻的珠帘翠幕。花坛的南面是著名的棕榈大道,两边是高大笔直的棕榈树,如云的冠盖,伴随着大道伸向远方。据说,因为洛杉矶的气候并不适宜棕榈树的生长,所以斯坦福每年要为每棵棕榈树支付 300 美元的养护费,要知道这里棕榈树不是几百棵,而是一眼望不到边。斯坦福的财大气粗和打造良好环境的气势可见一斑。斯坦福的美还在于校园的安宁和静谧,除了我们这些游人外,其他人很少,以致我们耳朵里除了鸟叫外,没有别的嘈杂声。在洛杉矶世界著名的灿烂阳光和湛蓝天空之下,这种安宁和静谧化解着我们内心的焦虑和浮躁,并让其洒落在斯坦福的马路上。

在花坛的北面有座很大的教堂。入口处有一群十几个与真人一样大小的青铜雕塑,赤裸的肩膀上披着坎肩,神态各异,好像是一群古代哲人,在辩驳揣摸上帝的意图。教堂正面的外墙是一幅巨大的瓷砖画,耶稣站在众人间讲道,也有人匍匐在那里,期待着耶稣的摩顶,帮助他们解除苦难。我们走到教堂门口,并没有期望能进去看看,因为教堂的门通常只有在周六才打开,而这天是周二。但是,教堂里还是出来一位职员,他为我们打开门。我们仰望着高高的穹顶,一幅幅出自圣经故事的画像,从亚当夏娃在伊甸园中到耶稣的蒙难,加上飘忽的蜡烛灯火,色彩鲜明的壁雕和窗花,我们都会感慨上帝的神圣与庄严,以及我们自身的卑微与渺小。

斯坦福是最讲科学精神的理工类大学,著名的硅谷就孵化于此。同时,它也是最具宗教情怀的大学,我所看到最美最气派的教堂也在于此。科学与宗教,在我们看起来是截然对立的两者,在斯坦福不仅和谐,而且非常紧密地结合在一起。固然,我们可以说,斯坦福大学的创始人——老斯坦福夫妇特别需要宗教的慰藉,因为他们的独生爱子在 18 岁时因伤寒离他们而去。但是,在最具科学精神的校园里加入宗教情怀,这不仅是个人偏好的偶然,更是制衡人类征服自然能力的必然。没有宗教的约束,科学可能进入一切领域,包括克隆人,人兽胚胎杂交……谁知道会打开哪个潘多拉盒子,并且召唤出怎样的魔鬼来!我不相信世界上会有离开躯体的灵魂,就像刀之不存,刃将焉附一样[①],但是,我相信人是需要精神鸦片的,就像不给老斯坦福夫妇宗教的慰藉,他们怎么能走出白发人送黑发人的无尽悲哀。我

① 依据南北朝的范缜著《神灭论》中的话推导得之,该话为"神之于质,犹利之于刀,舍刀无利。未闻刀没而利存,岂容形亡而神在!"

更相信科学需要宗教的制衡,科学讲控制和征服,而宗教则重敬畏和谦卑。没有宗教的制衡,科学可能无所不为其极,走向失控;没有科学的发展,人类至今还在茹毛饮血,更不用说创造如此灿烂的现代文明。在这个意义上,两种对立力量的并存和制衡才能更好地发展。可惜,我们校园始终只有一种力量主导,即便这种力量完全正确,当它失去制衡时,也非常可能走向自己的反面,至少失去强劲发展的动力。

哈佛的校园也挺漂亮。但是,在我们看过耶鲁的古色古香,斯坦福的自然生态与宗教情怀,沃顿遮云蔽日大树下对人作揖的小松鼠,伯克利阳光下花花绿绿的比基尼加上耀眼的白皮肤和玲珑的曲线之后,我们已经审美疲劳了:哈佛校园不过如此而已!但是,哈佛还有几扇其他学校没有的校门,尽管这些门一点没有气派,与我们交大、复旦的门相比简直有雪泥飞鸿之分,充其量只相当于上海的石库门弄堂门,如建业里的门,甚至比不上新式里弄——上海新村的弄堂门。

据说哈佛门口镌刻着这样的话:"风能进,雨能进,国王不能进。"我找了三扇门也没有找到这句话,也许它是用拉丁文写的。尽管我们的校门口没有这句话,但是有理由认为我们比哈佛人理解得更深刻,因为他们的先见之明没有经过苦难和曲折的体验。国王代表着世俗和政治权力,它进入校园势必打乱校园的平静,以及理论逻辑的推演。在没有干扰的情况下,是非黑白,真理谬误一目了然。加入了国王,则为了权衡利弊和保持稳定,是非黑白、真理谬误难免被表述得扑朔迷离,似是而非,黑白相间,亦真亦幻,历史也沦落为任人打扮的小女孩。更不用说,一旦国王以院系大调整,拆分合并,各种运动,甚至文化革命的面目进入大学,则会给大学造成沉重的、数十年都喘不过气来的打击。我们常常以我们大学历史悠久、文化积淀而自豪,殊不知一旦国王挟雷霆万钧之雄风,在校园里穿梭横行,大学历史就被切割成三明治中薄薄的肉片, 大学文化与学术积淀势必从零甚至从负开始,既没有凝重,也没有深厚;大学精神更是就被阉割得雌雄莫辨,既没有独立不羁,更谈不上强项与傲骨。在这个意义上,我们不能不佩服美国那些建校的先哲们,他们怎么能在几百年前就预见到"国王进入"会给大学发展留下太多遗憾、尴尬和扼腕叹息!

我们已经开始瞄准世界一流大学努力奋斗,但是,我们至今还没有明确大学要与现实生活拉开距离,大学文化要包容不同的理念,大学的运作不能让任何力量压倒,而要建立各种力量的有效制衡。缺乏这种理念引领的努力,能在多大程度上使我们的大学趋近世界一流的目标?我心存疑虑。

越南经济动荡探源

冯维江 吴思琦*

在世界经济版图上,越南本不耀眼,近年来却因高速增长成了世界投资机构的宠儿并获得诸多美誉。高盛公司提出的新钻11国(N-11)中有之,日本学者提出的VISTA五国(越南、印尼、南非、土耳其和阿根廷)亦囊括其于内,此外还常常被业界归为"亚洲最为蓬勃向上的经济体之一"。然而从2008年初开始,越南多项经济指标亮起红灯,一时间,人们谈"越"色变,这块近年来的投资热土几沦为岌岌可危之地。

通货膨胀、货币贬值以及股票和房地产市场崩溃是悬在越南政府和民众头上的三把利剑。2008年年初,14.1%的通货膨胀率就给了越南一个下马威。按往年的情况看(2002至2007),各年1月份的通货膨胀率均在1%左右,上下浮动在0.2个百分点以内。不过同比来看,2008年2月份的通货膨胀率尚算恢复到正常水平上,但3月份已经有攀高的态势。进入4月,通胀率骤然上升达到21.4%,5月维持在25.2%的高位。这轮通货膨胀兴起的征兆可上溯至2007年年底。2007年10月8.2%的通胀率在近年同月来看虽属高位但并非最高,11月份如果能控制下来进而将年底通胀率打压在1位数以内, 那么2007年和2008年有可能如同2004年和2005年那样顺利过关。这样的结果,有人可不乐意看到。

通货膨胀是收获的号角,一旦将它吹响,乱象丛生中狼奔豕突,正是捕获猎物的大好时机。猎手不遗余力也要把握住甚至设法营造出通胀率突破2位数这一心理临界点的机会。政府在维持经济发展与治理通货膨胀间决策上的犹豫不决令其后来不得不自食苦果,2007年年底通胀率升至12.4%时政府消弭或推延危机的良机已逝,2008年初纵使幡然醒悟而生力挽狂澜之心,2月份压下的通胀不过是帮助它完成了跳起之前的下蹲动作而已。

做为号角的通胀只是助攻,货币与资产的价格才是宰割的主力。连年的贸易逆差已经为"国际支付困难"的预期埋下了种子,通胀的温度一到,对外经济不平衡单向积累的问题便如罂粟般怒放开来。至2008年6月底, 胡志明股指从1179点的高峰跌至370点的谷底,跌幅达56.9%,中间连续出现27个跌停板,被称为"全球最差的股市";楼市下跌了60%,回落到2007年10月的水平。越南盾从1∶15500跌至1∶18850。为了应付经常项目逆差而借入的短期资本、以FDI等形式

* 冯维江系中国社会科学院研究生院亚太系博士候选人,吴思琦系首都师范大学外国语学院学生。

混入的投机资本等热钱，在通胀炙烤下的越南宏观经济局势里，振臂而呼、率相逃逸，借以引发全社会恐慌式地抢购美元、黄金。此时，猎手们再携美元从容入场，趁人们惊魂未定的状态以超低的美元代价获取越南国内“革新开放”以来积累的优质资产。当然，越南危机的潜在利益攫取方只是硬币的一面。外因是变化的条件，内因才是变化的根据。探究越南的经济动荡，不可避免地要从其内部经济发展情况及其发展过程蕴含的风险着手找原因。越南经济的发力，当从“革新开放”说起。

“穷则思变”一语揭示出绝大部分社会变革的基本出发点，睽诸越南的“革新开放”亦是如此。一般认为中南半岛上的这次革新发轫于1986年，实际上改革的晨风早在深沉的黑夜中已经酿起。在1979年至1980年那些对许多越南人而言极困难的日子里，越共中央关于社会经济发展模式的争论已经见诸公开的党的文件和出版物之中。

争论起于对传统的斯大林模式的维护和质疑。按新制度经济学的观点，斯大林模式无非是用组织协调费用全面取代市场交易费用的一种资源配置和产出方式。它一定与长期经济增长相悖吗？未必。斯密指出，国民财富的增加源自分工与专业化，而分工与专业化又是市场规模扩大的结果。前者可被看作长期经济增长的直接条件，后者不妨看作间接条件。显然，直接条件具备更广泛的普遍适用性，而间接条件则带有商品交换条件下允许市场存在时的特殊性。理论上讲，只要直接条件得到满足，增长就能够实现。在生产范式稳定的社会中，生产工艺、流程以及对产品的欲求相对固定，生产和分配过程不确定性小，所需信息有限，斯大林模式下组织协调能够发挥积极作用，特别在对分工合作要求较高的大型工业生产方面，相同产出所需的组织协调费用可能低于市场交易费用，这也是斯大林模式下通常强调优先发展重工业的一个重要原因。

在黎笋的支持下，黎清毅主导的斯大林模式提出“重工轻农，重重轻轻”的发展策略。但越南基础条件方面的实际情况与斯大林模式的要求不甚匹配。从资源看，越南的矿产主要是煤、锡、锌等，由于钢材所需的铁矿等物资缺乏，而当时的国际环境亦不容其由国际市场获取相关物资，故其资源不足以支撑重工业大发展。从地理及气候看，越南南部有开阔的湄公河三角洲，北部沿红河谷延伸，热带季风性气候保证了充足的降雨量，加之传统上百分之七十以上的劳动力从事农业，在农业及农业部门关联度高的轻工业方面具备比较优势。发展策略与自身比较优势的实际情况严重相悖，政策最终成为生产行为的严重束缚。

1985年至1986年间，政策出现了松动。改革的大方向在1986年底的越共第六次全国代表大会上得到确认。此前黎笋于7月逝世，与其资历相近的长征拍板支持经济改革并指出越南在急于消除资本主义的过程中存在错误,承认早先在迅速废除非社会主义经济因素实现转型的过程中操之过急。[①]长征的表态不啻于为改革明确背书,年底的六大上,支持改革的阮文灵担任总书记,主张市场经济的梅志寿、武文杰、潘文凯、张晋创等人进入政治局,这些重视经济开放的南派委员占到政治局委员总数的64%,改革正式展开。[②]

由斯大林模式转型而来的越南革新开放有三大特点。首先,革新的实质是市场化。其次,革新系应微观经济主体的利益要求而发生。再次,市场化是在共产党的领导下开展的。粗略地说,前两个特点是对斯大林模式的逆动,后一个特点是一种顺承。因为第一个特点,越南的革新开放必然同样面临所有市场经济体可能发生的价格波动等经济风险。第二个特点揭示了革新开放合法性的源泉,如果改革措施与广大微观经济主体的利益相悖,经济风险将转换为改革主导者合法性削弱乃至丧失的政治风险。第三个特点明确了政治风险的承担主体。一方面,执政者必须通过适度承担经济风险来获取经济成长。另一方面,经济风险可能转化为政治风险是执政者务必须规避的,这要求执政者必须保持足够的资源动员力量截断经济风险。无论哪一方面,都要求执政者在经济中扮演积极角色,换言之,扮演社会资源动员者的角色。强调"社会动员"是越南共产党执政与西方资本主义政治强调"制衡"在政治技术上最显著的区别,也是其政策所致的经济风险可能性高于西方国家的重要来源。根据上述逻辑,不难发现此次危机的内因在于越南执政系统在社会动员过程中的失范,危机的舒缓也主要依赖于执政系统对局势的稳定和对秩序的重建。

为了长期维护自身合法性,越南党和政府对增长有着巨大的热情和偏好。2000年以来越南GDP逐年上升。2005年到2007年年增长率均超过8%,2008年初政府制定的目标为8.5%~9%。经历了连续多年的高速增长,越政府似乎并不满足于仅在东南亚国家中位居增长榜首,"超印赶中"成为发展的口号。

实际上,在越南当局促进快速增长的同时,经济运行的风险在不断累积。一是严重的贸易逆差。2008年1到7月份,贸易逆差已达150亿美元,是上年同期的近4倍,外债规模也达到240亿美元,而其外汇储备才18亿美元。二是过高的对外依存度。2007年,越吸引外商直接投资合同资金同比增长69.3%,外贸出口占其GDP的67.4%,表明越对国际市场的依赖已经到了高危水平。三是信贷扩张过速。几年的市场化改革和加入WTO,带来了持续的资本流入以及随之而来的汇率升值压

---

① Sophie Quinn-Judge: Vietnam's Bumpy Road to Reform, Current History, September 2006.

② 梁锦文:《越南共产党政治局之研究》,载于《政治科学论丛》,第27期。

力。越南选择大规模发行货币买入美元,以防止名义上的汇率升值。但央行没能冲销这部分资金流入,因而带来了国内信贷的快速扩张,2007 年末和 2008 年一季度加速了 50%左右。四是高层对于地方政府的招商引资管理过于宽松,引资过程中"重量不重质"成为带有普遍性的问题,不仅产生大量高耗能、高污染项目,同时也为很多投机资本进入提供了便利。

综合地看,越南经济的这轮颠簸行情有外部因素,同时,在"革新开放"进程中转型而来的执政系统指向经济增长的动员力量超出了资源承受能力亦是重要的内部原因。察人鉴己,至少有三条值得我们思考。第一,处于赶超阶段的执政系统一定要充分借鉴国际经验,同时对涉外经济变动保持高度敏感,以免"社会动员"的优势转化为经济乃至政治风险。第二,注重从不同方面推进"市场化"来实现长期经济增长。实际上,可交易对象的增加及货币化程度的提升等维度的市场规模扩大,本身有助于削弱通胀。第三,治理通货膨胀要判断准确,当机立断,毫不手软,避免通货膨胀预期长期化。

(上接 65 页)座规则下,每个人都有一个占有策略,那就是置书占座。因为不管别人怎么做,自己置书占座都是成本很低而净收益很大的。正是因为每个人都想置书占座,这其中当然包括那些至少现在不需要的人也来占座,从而加剧了座位的紧张,导致了闲置的浪费,而且这些人比在先到先得规则下要多跑一趟,一趟置书占座,一趟使用座位。对于那些本来就需要的人来说,比在先到先得规则下也要多跑一趟,一趟置书占座,一趟使用座位。在先到先得规则下,对于暂时不需要而先到且不离开的人来说,成本是很高的,因为这会搁误其他事情的处理,所以肯定会有一部分乃至大部分甚至全部的这种人会选择在真正需要的时候才来。对于本来就需要的人来说,先到且不离开的成本是可以接受的,而且比在置书占座规则下的成本还低,因为现在只要跑一趟而不是两趟就可以了。总而言之,在博弈论的分析框架下,先到先得规则要优于置书占座规则。

综上所述,不管是根据租值耗散加执行成本加利用率损失三项之和达到最小的标准还是根据博弈论的分析框架,我们都可以得出与朱锡庆老师恰好相反的结论,即先到先得规则要优于置书占座规则。这也是排队论的依据之一。所以,在大学校园中,校方应该有所作为,通过正式规则的制定、宣传和执行,来确立先到先得规则的主导地位,从而消除两种规则的碰撞和摩擦,追求更高效率。不仅如此,先到先得规则还可以推广应用到其他相似的稀缺的免费资源的分配当中去。